扫描二维码
免费获取视频

YIWEI ZHIHUI XIAOZHANG GEI JIAZHANG DE
WUSHIFENG QINBIXIN
YINLING JIAZHANG HE HAIZI YIQI CHENGZHANG

50封亲笔信

——引领家长和孩子一起成长

潘志平◎著

浙江教育出版社·杭州

“阿潘带着我们去‘学农’啦！”

“奔跑吧，阿潘！”

“和我们打雪仗，阿潘您要霸气一点哦！”

◀“我们给您做兔耳朵哦！”

“每周我们都好期待您做的‘阿潘羹’哦！”▶

▼“哪个是我们的阿潘啊？”

序

10年前，潘志平校长在参加杭州市"'十五'名校长培训班"培训期间，他给家长写亲笔信这件事就引起了我的注意。潘校长的亲笔信以真诚的态度、新颖的方式、漂亮的书写和实用的内容深受家长们的欢迎。当时，我曾鼓励潘校长要坚持做好这件事，并由《浙江教育信息报》（现改为《浙江教育报》）进行了宣传报道，产生了一定的影响。通过自己的努力，潘志平校长现已成为杭州市优秀的初中校长，获得了杭州市"十佳校长"等多种荣誉称号。近几年，潘校长担任杭州市公益中学校长后，学校办学水平有较大提升，社会美誉度与日俱增。现在，潘校长从十多年来积存的百余封给家长的亲笔信中，精选出50封整理出版，是一件非常有意义的事情。我先睹为快，细读50封亲笔信后，颇有感想。

校长应重视家长。《国家中长期教育改革和发展规划纲要》指出："要加快建设依法办学、自主管理、民主监督、社会参与的现代学校制度，构建政府、学校、社会之间的新型关系。"而这里的社会参与主要指家庭参与。教育部颁布的《义务教育学校校长专业标准》也指出："坚信学校与家庭、社会（社区）的良性互动是办学水平的重要体现。"也就是说，善不善于发挥家长作用、形成家校育人合力是衡量校长专业能力的一个重要标志。教育承载着亿万家庭对美好生活的期盼。当下，家长对子女教育的重视已到了无以复加的境地，但是，由于缺乏专业知识和方法，家庭教育往往不得要领，家长时常感到迷茫和苦恼。因此，苏霍姆林斯基曾指出："学校一项极为重要的任务：向家长传授教育学方面的基本知识。"潘校长借助亲笔信这种独特的方式，指导和帮助家长了解学校教学情况和学生身心发展特点，传授科学育人方法，起到了很好的效果。应该说，这些年来，潘校长办学所取得的成绩与他重视家长的作用是分不开的。

校长应研究学生。学校主要是由教师和学生组成的。这些年来，学校对教师发展给予了高度关注。然而，仅有教师发展，而没有对学生的深入了解，学校发展也就成了一句空话。研究学生是所有教育活动的起点。苏霍姆林斯基说得好:"尽可能深入地了解每个孩子的精神世界,是教师和校长的首条金科玉律。"初中生正处于青春期,生理、心理发生着巨大变化,面临许多成长的烦恼。从亲笔信可以看出,潘校长对学生的各种问题了然于胸,说明这些年来,他一直在关注和跟踪学生,了解和研究学生。他不仅走近学生,而且走进学生的心灵,难怪学生都亲热地称他"阿潘校长"。众所周知,中考竞争剧烈程度完全不亚于高考。诚然,亲笔信中部分内容是有关学业甚至中考指导的,但仍显现出潘校长对学生品德的关注,如"怎样培养孩子的责任心"、"怎样引导孩子学会分享"、"帮助孩子拥有一颗感恩的心"等等。求学何为?学为人而已。潘校长始终把"做人第一"办学理念贯穿于亲笔信中,这也是值得赞许的。

校长应做好家长。家庭是小的学校,学校是大的家庭,家庭教育和学校教育有共同之处。苏霍姆林斯基说:"家庭以及存在于家庭中的子女与家长之间的相互关系,是智育、德育、美育和体育的第一所学校。"从某种意义上说,好校长首先应该是一位好家长。亲笔信中部分内容是关于潘校长对女儿的教育培养的,潘校长对女儿教育培养的细心、用心和专心令人敬佩。他是女儿的慈父、导师和朋友。他把教育培养女儿的宝贵经验加以总结,毫无保留地呈现给广大家长。这种现身说法很有说服力。

此书主要为初中生家长提供家庭教育实践指南,初中生成长过程中的主要问题书中几乎都已涉及,并给出了具有针对性的建议。同时,书中的很多内容对小学生和高中生家长同样具有较高的指导价值,因为教育的许多理念和方法是相通的,比如良好亲子关系的建立、情商的培养等。

除了家长,教师特别是班主任,可从此书汲取不少教育智慧。对于学校管理者来说,则可以更多关注亲笔信折射出的教育理念。

希望潘校长以此为新的起点,再接再厉,从优秀向卓越迈进!

是为序。

杭州师范大学经亨颐学院常务副院长、研究员 项红专

2014年2月28日

前言

这本书我是用心写就的。

50 封亲笔信中，我掏心掏肺地与家长沟通思想、交流感情，把自己当了 32 年教师、19 年校长、20 年父亲的经验和思考融入亲笔书写的每一个字中。

12 年前，有位家长握着我的手说："潘校长，您一定要帮我一把。单位里一千多人我都管理得井井有条，但就是这儿子管不好。可以说，我现在什么都不缺，缺的就是管教孩子的方法！"他内心充满焦虑。从他的叙述中，我发现了他和孩子存在的问题，给他提了针对性的建议。一段时间后，这位家长兴奋地告诉我："我按您的方法做，孩子进步很大啊！"由此，我感受到了作为一名教育工作者肩负的重任：不仅要教育培养学生，还要引导家长科学教育孩子，形成家校合力。

在平时与家长沟通中，我也发现，大部分家长对孩子的教育真的非常重视。但"重视"的背后，情况却大不一样：有的有想法、有行动、有方法；有的只是把重视停留在口头上，讲起来"重要"，忙起来"不要"；有的把教育孩子的担子主要落在其中一方（大多是妈妈）身上；更多的是想管但不知道怎么管。老办法不灵，新办法不多，不愿、不敢"放"，却又想不出有效的管理方法，是目前许多家长教育孩子困境的真实写照。

有什么方法能满足更多家长需求，触动家长的内心，引领家长转变理念，帮助家长改进教育孩子的方法？2002 年 12 月 16 日晚，我尝试着给 1810 位家长写了第一封亲笔信。在 1500 字的信中，我敞开心扉，向家长介绍了自己和学校的基本情况，公布了自己的手机号码，非常诚恳地谈了自己对家庭教育的真实想法。

让我始料未及的是，信一发出，竟然引起了轰动。许多家长在一遍遍地读了我的信以后，把它带给同事和亲朋好友传阅。不少家长这样跟孩子说："不说别的，就凭你们潘校长这份'用心'就足够了。"有位爷爷在给我的回信中这样说："我今年 78 岁了，还从来没有看到或听到过校长亲笔给学生家长写信的。看了您写给我孙子的信，我感动得一整夜都没睡着。"有位爸爸则写道："尊敬的潘校长，这几年我们的生意越做越大，儿子却离我们越来越远。您的话真是说到我们的心坎里了！"

透过字里行间，我分明读到了这样的信息：家长与我产生了强烈的共鸣。亲笔信突破了印刷体这一司空见惯的形式，"亲笔"的魅力拉近了我和家长的心理距离。

11年来，我一共写了百余封亲笔信，家长也及时反馈。信中，我与家长互通信息、共同探讨家庭教育的理念和方法，形成了良性互动。书信往来一般选择在中秋、国庆、元旦、春节等节假日和开学初、放假前、考前、考后、学校重大活动后等时间节点。为满足家长对信息量的需求，我在锦城二中时还主编了《家校之间》小刊物，和亲笔信一起发给家长，在公益中学则以《家校连心桥》命名。

这些书信主要有三个特点：

1. 话题以家长需求为着眼点。

为了使书信的内容更有针对性，我既根据学校的工作实际、学生的思想动向，又经常向家长征询期待讨论的话题。写信前后，我一般都会广泛听取家长、老师、学生的意见。

书信的话题主要集中在大多数家长感到比较困惑的问题。从小升初到中考、高考，从开学准备到假期计划，从学习方法指导到品性修炼，从与青春期孩子对话到有效与老师沟通……还涉及比较敏感但很现实的话题，如应试、课外班、师生关系等。

2. 方法以具体可操作为准则。

书信的内容具体实在，尽量不说空话、套话。书信中介绍的方法，有我作为一个普通父亲，在女儿成长过程中亲自尝试并被证明是有效的，也有我在当英语老师、班主任、校长过程中想到、看到、听到并经过实践检验是有效的。可以说，只要家长用心阅读、体会，总能够在信中发现适合自己孩子的方法。

其中谈到的方法，大到制定孩子的培养规划、把握孩子教育的三个关键词，小到孩子品行从“头”抓起、与孩子谈话的眼神交流，甚至是指导孩子自己编试卷、布置“初三墙”、读题的圈画法等，大量案例都是真人真事，成功经验都来自一线实践，可信、可借鉴、可模仿。

3. 语言以亲切自然、蕴含哲理为特色。

每次写信时，我感觉家长就坐在我面前，和我聊家常、谈心。所以，我尽可能使自己的话语能“接地气”，笔下流淌的都是和家长朋友真心实意聊天的文字，娓娓道来，亲切自然。我通常先用经典故事、身边的人和事，把我悟到的道理说清楚，再具体讲“怎样做”。

书信以“刚柔并济、做人第一，讲究方法、快乐学习”两条主线贯穿始终，从理念到方法都以优秀传统文化和现代家庭教育理论支撑，遵循孩子身心发展规律。例如，在学习和品性的关系上，我提出家长应重视孩子的学习，但“分数诚可贵，品性价更高”，我们应始终把引导孩子“做个好人”放在第一位，让孩子会尊重、会感恩、会分享、能担当、能自立、能承受挫折。

信中有不少朴实但寓意深刻的语句为家长朋友指点迷津。如：“孩子一辈子的快乐需要建立在小时候做好规矩的基础之上。”“亲情是有效家庭教育的根，亲子关系决定着孩子能否发自内心地接受家长的观点。”“与孩子沟通不在于你说了多少，而在于孩子听进去了几句。”“孩子不听话折射出的往往是家长没有听孩子说话。”

本书精选了 50 封我写给家长的亲笔信。建议家长使用本书时，先通读全书，然后在不同阶段，遇到不同问题时，挑选相应的书信，再仔细阅读，也许其中提供的方法，对您会有帮助。家长可以根据孩子个性、所遇到的问题等实际情况，决定是否与孩子一起阅读书信。班主任、学校管理者可根据本班、本校实际，选用本书内容，用于教育、管理或家长会、家长学校的讲座等。

我非常喜欢孩子，这绝对不是矫情的话语，而是发自内心的声音。因为喜欢孩子，所以每天一走进校门，我就充满激情，浑身上下有使不完的劲；因为喜欢孩子，所以我很乐意为家长提供服务，为孩子思想、

身心、学业的和谐发展做点有益的事。这么多年以来，我深深地感到写亲笔信是很有意义的事，家长也非常喜欢这样的交流方式。

坦诚地说，无论是书信话题的选择、内容的组织、书面誊写，还是阅读每一位家长的回信，都需要花费不少时间和精力。因为白天事务繁忙，常常需要利用晚上时间写信，有时甚至写到凌晨。但是，因为家长有需求，孩子能受益，我一直坚持做这件有价值的事，而且会继续用心地写下去。

潘志平

2014 年 2 月 28 日晚

MULU

一

培养孩子也是种『事业』

常听人说："如果从头来过，我一定会更用心地教育培养孩子。"然而，孩子的成长是不可逆的，我们不可能拥有从头再来的机会，一旦错过了孩子教育的关键期，我们无论花多少时间、精力、金钱都无法弥补。我们在孩子成长过程中，该做些什么？在人生道路上该如何取舍，如何抉择？让我们一起走进阿潘为了女儿来到杭州的故事……

为了女儿，我来到了杭州……

亲爱的家长：

您好！

给您写这封信，是想和您聊聊我"跟着女儿来杭州"的故事和体会。

要不是因为女儿，我现在一定还在临安工作。2007年9月，也就是她开始读初二的时候，我完成了从临安教育局办公室主任到杭州十三中教育集团公益中学校长角色的转变。

坦诚地说，完成这个转变的决定性因素是我想多承担"父亲"角色的责任。因为就我个人来说，当了十多年校长后，当时已在心理压力相对较小的局办公室主任岗位干了两年，何况我已过了不惑之年，又患有颈椎病，常出现头晕症状，所以已经打消了重返"责任大于天"的校长岗位的念头。

但是，2007年上半年，我越来越强烈地感觉到：小学六年慢悠悠地过，学习任务不重不轻，教学进度不紧不慢；自女儿选择到杭州上初中后，时间过得特别快！自己好像还在懵里懵懂中，女儿的初中第一个学期就已经匆匆过去了。而且，渐入青春期的她，每每遇到有点

“不爽”的事情，就会来点逆反！青春期，情绪波动比较大，发发呆，发点小脾气是正常的，但若不能及时找到情绪的合理发泄口，心中有话想跟人诉说，却找不到合适的倾听者，等周五回到家里，时过境迁，有些人和事就有可能因为失去了诉说的情境，不再愿意多说。这样，郁闷的情绪会逐渐积压在内心，就会影响孩子的心理健康。说实在的，此前的20多年我是一名英语老师、班主任、校长，教的、管的都是别人家的孩子，从没有过这样的切肤之感。那半年，我真的好纠结！

女儿1993年出生，我1994年开始走上校长岗位。直到女儿小学毕业，她学习、生活上的事基本上由我爱人包了。每当因为没时间去接送孩子上兴趣班，没时间与她们一起吃饭，没机会和她们一起去运动、游玩，她俩有微词时，我总是以“小学归妈妈管，中学由爸爸管”来搪塞……女儿进入初中，进入青春期了，正处于一个成长的关键期，我管了多少呢？扪心自问，真是挺愧疚的。

要说工作，总是忙不完的，办公室主任的活儿也一样。经过静心思考，权衡利弊，我深深地感到，在自己的事业和女儿的成长之间，我应该让位于后者了。因为我得呆在她身边，心里才踏实；也只有呆在她身边，即将进入初中那个暑假制订的《女儿培养方案》方可顺利实施。

想通了，就去做！我花了一个晚上，一口气写了一封几千字的长信，向局长表达了自己想调到杭州公益中学工作，尽到一个父亲的责任的愿望。过了几天，局长来到我办公室，跟我说："我也是个父亲，既然你是为了女儿，我就同意你的请求。"十三中教育集团的汪校长立即行动，为我的调动做了许许多多的工作，借此机会我要发自内心地感谢两位领导的帮助，个中恩情，我永铭心中！

2007年下半年开学时，我如愿来到女儿就读的公益中学。在学校，我是她的校长；在家里，我是她的老爸。每天晚上回到宿舍，我们除了一起聊聊天，看看作业外，还做一件比较有意思的事情：两人比赛背诵、默写一篇《新概念英语》短文，谁输了，谁请客——到楼下买两个香喷喷的烧饼，日子过得不亦乐乎。最绝的一次，因为我默写短文时出现了某个可爱的错误，直让坐在椅子上的她笑得前俯后仰，居然把那把座椅的靠背都压断了！

我来到女儿身边后，她显得心静气定多了，思想、情绪都稳定下来，学习成绩也就稳定下来。虽然她还会有噘嘴巴的时候，但我当天就能觉察到，一般不会让她把不开心的状态延续到第二天。在她身边陪着，我就感到特别踏实！

为了孩子，我们常需要放弃甚至牺牲一些属于自己的东西。为了女儿，我放弃了对自己发展和身体有利的机关工作，从女儿上初二到她高中毕业，我也放弃了不少休闲的机会，谢绝了朋友的聚会邀请。即使去吃饭，我一定不喝酒，理由是"我不喝，因为我要开车接女儿"——这句话后来竟成了我朋友圈中我的一句"名言"，一坐下来，他们往往会异口同声地说："他不喝的，他要去接女儿。"一到晚上8点半，我总会提前离席……现在我还常常回味，每天接送孩子上学、放学，真是一件幸福、美好的事儿！

在女儿读初二、初三和高中的五年时间里，我80%以上的业余时间都和她"捆绑"在一起。高中三年，除了必需的出差，不管多忙、多累，我都坚持每天早上7:00左右送她到学军中学门口。上学途中我们还共享特有的"读书时间"——我把报刊中读到的精美散文、报纸上看到的新闻时评推荐给她阅读，我们会对地震后捐款等热点新闻展开讨论，发表各自的观点……每天晚上9:10，我准时在学军中学门口等候她走出校门；回来的路上，在温馨的"车上聊天吧"，我们交流一天的点点滴滴；回到家中，我给她烧一点她喜欢的点心，送上一盘时令水果组成的"水果拼盘"，沏上一杯她爱喝的茶，然后静静地进入各自的作业、阅读、写作状态。

到了高三，女儿早上能多睡一分钟都好。不叫她不行；叫得急了，她会紧张、焦虑甚至埋怨。为了让女儿多睡一会儿，又避免一早就弄得大家心情不愉快，我和她约定了三遍morning call叫早法：第一遍，敲三下门，喊三次"叮当、叮当、叮当"，直到她有回应；第二遍，喊两次"叮当"；第三遍，只喊一次"叮当"。这样越叫越平和，她就比较乐于接受。

现在回想起来，这样的坚持确实有点不容易！但是，我是用心在做发自内心想做的事，于是就克服了种种困难，一直坚持了下来！

这关键的五年中，我和爱人对女儿的用心投入，让她从内心感受到了父母对她的那份爱，使她比较乐意接受我们的观点。我们的静心，帮助她抵挡住诱惑，克服了浮躁心理；我们的细心，激发了她对学习、对工作、对他人的责任心。2012年7月女儿收到大学的录取通知书后，我们一起整理女儿的成长记录，可以清晰地看到我们全家人是怎样一步一个脚印地陪着女儿成长起来的。

我跟着女儿来杭州的几年，在引领女儿成长的过程中，我实际上也在与她、与公益中学共同成长和发展。因为

有了切身的体悟，我既从校长的身份，又以一个普通父亲的角色心态，工作中有生活，从生活中去思考工作，让我的工作也增添了生活的气息，促进了温馨和谐公益大家庭的建设，“相亲相爱公益人”亲情文化的形成。因为投入了一定精力，女儿发展得顺心顺意，所以每天走进公益校园，我就充满激情，以更真心、更深厚的爱与老师、孩子们相处。

人在社会上承担很多种角色，任何一个角色都是一种担当。我想，作为社会角色，为工作忙，全心全意地当个好老师、当个好校长，固然十分重要，但同时用心把自己的孩子培养好，引领其在“做个好人”的基础上，充分发挥潜能，全面发展，健康成长，做一个对社会更有用的人，这也是我们对社会的贡献，您说对吗？

事实上，家庭小家和学校大家不是一种“非此即彼”的关系，工作和家庭不是矛盾的对立面。在孩子成长的关键期尽量多花点时间陪伴孩子，不是说要把全部的时间和精力放在孩子身上，正如我们不需要把所有时间放在工作上一样。

俗话说：“舍得，舍得，有舍才有得。”许多时候，“舍”与“得”的判断完全取决于我们内心的选择。当时摆在我面前的是两个选项：A.留在临安，对自己有利；B.跟着女儿来杭州，对女儿有利。两者相比，后者的特点是时效性非常明显。错过了孩子教育的关键期，我们无论花多少时间、精力、金钱都无法追回来，心中就可能留下遗憾。经常有家长跟我说："如果从头来过，我一定对孩子怎么怎么做。"然而，我们不可能拥有从头来过的机会，因为，孩子的培养和教育具有不可逆转的特点。

今天，回过头去看，我选择了"B"，无疑是非常正确的。因为女儿的每一步都在按照《女儿培养方案》走，现在已基本上实现了全家人的愿望。

明天，女儿将启程去台湾辅仁大学做半年的交换生，接受博大精深的中国传统文化的熏陶。这是她上大学一年多来孜孜不倦努力学习争取到的机会。她的上进心越来越强，性格越来越柔……虽然我当时放弃甚至牺牲了一些属于我的东西，但在今天看来是非常值得的。此时，真的有一股甜蜜的幸福感在我的内心荡漾……

刚刚收到保实陈校长发来的微信，觉得富含人生哲理，用来表达此刻我的感情也非常贴切，特抄录下来与您及您的孩子共勉：

不是因为有了希望才坚持，而是因为坚持了才有希望；

不是因为有了机会才争取，而是因为争取了才有机会；

不是因为会了才去做，而是因为做了才能会；
不是因为成长了才会承担，而是因为承担了才会成长；
不是因为拥有了才付出，而是因为付出了才拥有。

愿您

尽享付出后拥有的幸福！

潘志平

2014年2月11日晚

我第一次给家长写亲笔信，是在2002年10月16日晚……

致家长的信

亲爱的郁辰同学家长：

您好！

我叫潘志平，今年38岁。非常有缘和您的孩子在二中一起度过属于郁辰一生中最美好、最关键的一段时光。

亲爱的家长，对于二中，您一定不会陌生。这是一所挺不错的浙江省城镇示范初中。建校十年来，通过社会各界的关心支持，历任学校领导的艰苦努力，全体师生员工的齐心拼搏，目前已拥有了全市初中一流的现代化教学设施。老师们尽心尽责，不断研究和改进教法，同学们好学上进，努力发展个性特长，已初步形成了"教得活、学得活"的办学特色。这一特色为学生打下较为扎实的知识功底，为他们升入高中、大学乃至终身的学习铺平了道路，创设了良好的发展空间。

今年7月，我有幸通过了竞争上岗，来到了二中，担负起带领1980位师生提升二中办学品位的重担。我当竭尽全力，真抓实干：沉下去，深入学校的每一个角落，熟悉校情，融入二中；浮上来，以先进的现代教育理念作指导，思考学校发展。我的初步设想是：发挥"活"的优势，

抓实每一个细节，力求找到"活"与"实"的最佳结合点。我的目标是："一年一大步，年年上台阶，通过3-6年努力，把二中办成有更高知名度和含金量的省市窗口式初中"。二中已有较高的平台，我深知再上台阶并非易事，但我的态度是：全身心投入。敬请您给我一段时间、一个过程，也请您多给予信心、力量和支持。坚信您我合心合力，二中一定能再铸辉煌！

亲爱的家长，教育您的孩子是您我共同的责任。您孩子在二中的这三年是其长身体、长知识、学做人的黄金时期。但是，这个阶段的孩子正处于半幼稚半成熟阶段，是教育的困难期，又是教育的关键期。实践证明，做初中生的家长和老师最操心。因此，迫切地盼望您在充满竞争的现实背景下，在忙于工作的同时，把关心孩子的品行、学习、身心发展作为家里的大事，工作中的重要一部分。不管多忙，也要千方百计挤些时间，在孩子身上花点精力，这是非常值得、十分有意义的一件事。因为现在在很大程度上一个孩子就意味着一个家庭。孩子有出息，即使暂时苦一点、累一点，您家庭的明天就充满着希望；反之，如果疏忽了孩子的教育，导致其品行欠佳或学习上没能达到应有的水平，那么即使您赚的钱再多，工作上的成就再大，您的一生仍是不够完美的，对吗？

在教育孩子的方法上，建议您多多了解初中孩子思想、心理、身体发展的特点，努力做到严格但不重压，宽容但不袒护；讲要求，更要多倾听；关心学习成绩，更要注重思想品性的培养。

亲爱的家长，作为学校、老师，我们一定会本着对孩子、对家长、对社会高度负责的态度，适应时代发展的要求，不断学习和修炼，提高自身的品德修养和业务水平，以优秀的人格魅力熏陶您的孩子，严谨的治学态度带动您的孩子，在勤教的基础上，求会教、善教，促使孩子学会、会学，尽最大努力教他（她）学做人、学知识，为其成人、成才呕心沥血，不遗余力。

诚然，由于教育是一个复杂的系统工程，影响孩子成长的因素较多，孩子和家庭的个体差异较大，老师个人的教学风格、教育方法有所不同，我们的工作可能无法满足所有家长和孩子的要求，存在的问题、矛盾在所难免。一方面，请您以宽容、包容的态度原谅我们做得不够到位的地方；另一方面，请您真诚、真心地把您了解的实际情况、您的想法和建议通过书信、电话或直接来校反映等合适的方式及时告诉我们。为便于反馈信息、及时整改到位，请您来电、来信时将具体、详细的联系方式和地址告诉我们。

亲爱的家长，恳切地希望我们真诚地携起手来，为着把您的孩子培养好这一共同的目标，多多联系和沟通，增进了解和信任，形成合力，心往一处想，劲往一处使，把我们共同的任务完成得圆满又出色！

致

礼！

校长：潘志平笔

2002年10月16日晚

为了我们共同的孩子，让我们手牵着手、心连着心

亲爱的王易同学家长：

您好！

应该说，我们非常有缘分，在茫茫人海中，因为您的孩子、因为公益中学，您我有幸成了合作伙伴。我想用《家校连心桥》书面交流的形式，每月一次通通信息、谈谈体会、说说心里话，分享培养孩子的快乐和成就，探讨教育孩子的困难和困惑，您说好吗？

亲爱的家长，作为同龄人，想必您我有许多类似的经历和体会。人到中年，在家里，我们上有老、下有小，是家庭的顶梁柱；在单位，我们往往又是年富力强的中坚力量。身处这个竞争激烈的时代，我们中的大多数为了家庭、为了事业，为了车子、为了房子……整天步履匆匆，忙工作，忙赚钱……可能每天顾不上和孩子说上几句话，每周难得陪孩子吃上一两顿饭。因此，您可能会为孩子的长高、长大而欣喜不已，为他（她）的物质生活提供了充足的保证；而对他（她）的思想、心理变化却知之甚少，对他（她）的精神需求更是无暇满足……

或许您会说，我真的很忙，很想多管管他（她），但真

的是没有时间，只有拜托你们老师多费心了。说实在话，以前我和您的想法类似，一忙起来，就把女儿的事抛诸脑后，成了"讲起来重要、忙起来不要"的典型。女儿进入初中后，我越来越深刻地体会到了，培养孩子这件事看起来有弹性——可以放一放，先去忙其他逼在屁股后面的工作。而事实上，这是件最耽误不起的事，孩子教育的最大特点之一是它的不可逆转性，一旦错过，无法从头再来！初中是孩子处于人生中身体、心理发展最快、变化最大的三年。家里的这个"小大人"自我意识强烈——很想独立，不要大人管，但自控能力较弱——常常管不住自己，遇到困难特想得到父母的帮助，是最需要您我督促、引导、帮助的时候。静下心来仔细想想，孩子真的是家庭的"窗户"，孩子教育成功了，家庭就充满阳光；否则，我们可能会劳而无功，而且可能带来无尽的烦恼和伤悲。李嘉诚先生的这段话值得您我反复品味："事业上再大的成功也弥补不了教育子女失败的缺憾。教育好自己的子女是最大的成功。这并不是说父母自己的生活、事业不重要。相反，要培养好自己的孩子，父母首先自己要善良真诚、负责、进取，因为孩子是以你为榜样的。别的事业失败了都可以重来，唯有在子女的教育上，你只有一次机会……”

或许您会说：“我一直都很重视孩子的教育问题，但随着他（她）渐渐长大，总觉得越来越难管了。说说他（她）不爱听，骂骂他（她）要顶嘴，我真的拿他（她）没办法了。”的确，和我们小时候相比，今天的孩子服从意识淡薄，简单的训斥、压制难以生效；对物质的需求不太在乎，哄骗、表扬无法保持恒久的动力……这些新新人类（New new people）的新情况给您的教育方法提出了新的要求，需要我们与时俱进，主动适应，寻求适合自己孩子的教育方式。

人是感情动物，良好的亲子关系是让孩子听得进您说的话的力量源泉。如果您能从孩子的个性特点和青春期孩子的心理需求出发说话、做事，尊重、理解但又不一味迁就、放任孩子，您在孩子心目中有威又有信，他（她）就会服您，接受您的观点。

取得良好的教育效果的关键在于形成合力。家庭里所有人员对孩子教育的理念要力求保持一致。爸爸妈妈、爷爷奶奶、外公外婆有的很严、有的太宠，就如两匹好马在拉同一车货物，一个朝东、一个向西，虽然都很努力，却永远到达不了目的地。同样，家长和老师的配合要

默契、步调要一致。这样，孩子懒惰和喜爱自由的天性就不太会有空子可钻，对孩子的教育也就能达到事半功倍的效果。

亲爱的家长，怎样把孩子培养教育好对许多家长来说都是一道比把事业做好更难解的题目。但是，只要您用心花时间花精力，多观察、多思考、多学习、多请教，恩威并施，宽严有度，相信"办法总比困难多"！今后碰到具体难解的困惑，欢迎您来信与我沟通。

说一千，道一万，不如采取实际行动。"十一"长假，孩子回到家里，您就要把"重视"的心动付诸实际行动了。既要让孩子放松放松，也要翻翻他（她）的作业，更要和他（她）好好地聊聊天。相信您从每一个细节入手，持之以恒地把相关措施落实到位，成效会不负有心人的。

孩子是您的，也是我们的。愿《家校连心桥》真正成为您我合作的"心桥"！

祝您

合家欢乐！

校长：潘志平 笔

2007年9月28日

二 让初中三年更精彩

孩子情绪波动大、出现早恋倾向、爱穿奇装异服、乖乖女突然不听话了……这些让许多初中生家长措手不及。如何帮助孩子顺利走过青春期，让孩子更加健康、阳光、大气？阿潘校长为您支妙招："六个关键点"让孩子快速进入初中生角色；"三字原则"教您有效应对孩子情感困惑；两个"舍得"让您为孩子初三的拼搏助力！

完成小初衔接，选好适合孩子的初中

亲爱的家长：

您好！

今年6月，您的孩子就要完成六年的小学生活，升入初中了。转折的阶段，总会有些与以往不一样的事要做。我觉得，小学最后一个学期，您有三个核心任务要完成：

一是帮助孩子完成思想、心理、习惯上的过渡；二是帮助孩子进行小学知识的整理，查漏补缺，指导方法；三是和孩子一起选择一所适合您孩子的初中。

要较好地完成这三大核心任务，建议您一要了解小学和初中的不同之处，在情商培养上多下点功夫；二要平衡各门学科，在学习习惯培养上多下点功夫；三要知彼更知己，在"学校是否适合自己的孩子"上多下点功夫。具体来说，您可以从以下几个方面入手：

一、了解初中的特点，学习小初衔接的方法

初中是人一生中身体、心理、思想、情感、学习、智能发展最快的三年，是学业、人格、价值观等形成的人生关键期，是一个需要"管"更需要"导"的阶段，是一个非常需要亲情呵护的阶段！这个阶段，孩子自信心的培养最为重要！

从心理的角度看，这个阶段的孩子不断走向成熟却

仍表现出孩子气，很想独立却又比较依赖父母和老师，很看重个人面子却往往控制不住自己。从学业的角度看，初中学习时间比小学短了一半，要求却高了许多：作业量增大，学习科目增多，难度提高，灵活性增强；考试次数增多，考试结果比小学更被看重。

您可从现在开始，买点有关初中生心理、初中生家庭教育指导的书籍，看一些视频，听一些讲座，从理论层面上了解一下初中生的特点；结交一两位孩子在读初中的家长或孩子近几年刚初中毕业的家长，请他们现身说法，从实践层面讨教一下初中孩子家庭教育的成功经验、需注意的问题、可采取的方法等。这样，您就如身临其境，把自己作为准初中生的家长，站在较高的位置来考虑孩子小学到初中的心理、学业等衔接，也可更科学地选择适合自己孩子的初中。

二、整理小学的知识，查漏补缺，扬长避短

最后一个学期，是通过系统复习对小学六年学习的知识进行梳理，把零散的知识点串成线、连成面的过程，也是通过一定量的训练开拓思路，活跃思维，提升能力的过程，更是通过几轮复习，发现原先学习中某一点、某一块基础知识不够扎实，能力训练没有到位，有的放矢地进行查漏补缺的好机会：如语文的音、字、词、句基础，现代文和古文的阅读，写作和口语交际；数学的概念定理、计算，结合生活实际解决问题；英语的词汇、基本句式、听力和口头表达；科学的常识原理、小实验等。

所以，建议您一方面在老师面向全体学生系统、全面复习的过程中，跟着老师的节奏，把"规定动作"落实到位；另一方面，抽个时间去学校一趟或打电话与老师联系一下，了解您孩子个体的学习情况，有针对性地补充一点练习，对有缺漏的知识板块和薄弱学科则需立即采取措施，重点弥补。

需要特别提醒您的是，如果您的孩子天资不错，原先主要是靠自己聪明的脑袋瓜，到临考前突击一两个星期取得好成绩的，可得注意他（她）的功底实际上是不扎实的。到了初一下或初二，等其"老本"吃得差不多了，随着学习内容增多、难度加大，他（她）与他人的距离就会越拉越大。因此，您现在起得花点力气和心血改变一下其学习态度和方法，这对其后续三年甚至六年的学习都有很大帮助。

三、分析孩子的特点，选好适合孩子的初中

这是这个学期您需完成的一门重要功课。这几年，在"公办不择校，择校找民办"的大背景下，经常有家长问我：我要不要选民办初中？选初中要考虑哪些因素？

常言道："鞋子合不合适，只有自己的脚最清楚。"根据近五年来我对升入我校孩子的追踪研究，我深刻体会到"适合的就是最好的"这句话的内涵。可以说，任何一所大家普遍认为的好学校也有其不足，任何一所目前相对弱一点的学校也有其优势方面，关键在于您的孩子的个性、学业基础等与这所学校的文化、特色、生源特点、要求等是否相适应，因为每一个孩子都是不同的个体。

因此，建议您首先对自己孩子的个性、目前的学习情况及直升的初中和想选择的民办初中的情况进行全面、客观的分析评价，然后想清楚您为什么要选择民办初中，您想选择的学校是否适合您的孩子。

选择民办初中时，建议您从以下八个方面进行考量：学校文化、硬件环境、师资情况、生源特点、学风校风、质量特色、路途远近、住校通校。

学校文化与办学理念、办学风格密切相关。您可以看学校追求的主要是什么，师生、生生、老师与家长、家长与家长的人际关系如何。

硬件环境要适合现代化教育的需要，要能满足师生学习、生活、运动需要。校园面积并非大就是好，但校园布置需大气、雅致，评判标准就是您走进校园时是否有舒适感。

师资队伍最理想的是老中青相结合。根据初中生相对比较感性，喜欢老师就喜欢那老师所带的班级和所教的学科等特点，初中师资队伍最核心的竞争力不是职称、头衔、资历，而是亲和力、爱心、责任心、幽默感等非智力因素。

生源特点要让孩子在同学群体中找到归属感。不少情况下，初中生成长过程中，同伴的影响力超过老师和家长的。初中的孩子最爱面子，最需要自信心陪伴，所以在班里、年级里，从学习成绩、班干部等方面最好能找到属于他（她）自己的位置，以免因成绩等差距太大而丧失信心。

所选学校的学生应言行规范，上进心强，品行端正，学风浓，校风正。学校既满足家长、学生愿望，竭尽全力让孩子升入适合的高中，又保持自己的办学个性，在某一两个方面有自己的特色、亮点。

现在的中学生普遍缺乏的是睡眠时间，加上交通拥堵等客观因素，所以上放学路上所需的时间也是必须考虑的重要因素。

走校好还是住校好？这个问题的答案是因人而异的。有的孩子自己会要求住校，主要是为了摆脱父母的管教，也有的家长认为住校有利于培养孩子的独立生活能力。而事实上，对于处于青春期的初中生而言，无论是身体发育、心理成长，还是人格形成、发展，通校确实比住校更有利。所以我的观点是：能通校的不住校。

选择学校时，对学校考量的办法为一查、二看、三听。即查校园网站、学校资料，实地看校容校貌、师生表现，听校长、老师的介绍，教育界业内人士、其他家长的推荐。

按照现行政策，民办初中招生一般分为"自主招生"和"电脑派位"两部分。自主招生一般采用面谈的方式。您可与孩子一起做一份简单的简历，把自己的主要亮点展示给初中招生的老师。简历不求华丽，但一般要包含下列材料：孩子自己写的自荐信（也可加上父母、老师的推荐语），小学的（特别是四、五、六年级的）素质报告单，有一定含金量（校级以上获奖）的荣誉证书复印件等。面谈一般由三位老师组成考核小组，一般会从孩子的文明习惯、兴趣特长、身体状况、心理素质、学习情况、知识视野、组织管理能力、家庭氛围及家长期望等方面进行考核。

请您在选择民办初中时，多一点理性，少一点跟着感觉走。

一要坚持科学客观地分析学校，分析您的孩子。

要乐于尊重孩子的意见，听得进他人的建议，而不要把报民办初中当作一种必然的选择，抱着"人家都报我也报"，听到哪所学校好就一窝蜂似地去报的想法和做法。二要避免把民办初中看作"保险箱"，拔高对孩子升入民办初中后的期望值。很多家长认为孩子现在成绩一般是因为小学时自己或孩子没有好好抓，所以期待初中落实好以后请老师突击恶补一个暑假获得质的飞跃。要明白小学六年学的东西是不可能靠一两个月能够补上的，况且其他孩子、家长也不会站在原地等您的孩子追上来，故一定请您客观评价孩子的现有基础。三要避免这山望着那山高。同一类学校的整体办学水平一般不会有太大的区别，您孩子能读的初中一般也就一所，孩子日后读得怎么样还得靠他（她）自己主观的努力——这是内因，决定性的因素！定下了一所学校就没有必要再去东比来、西比去，折腾自己和孩子。

最后，向您推荐几本书，供您选读：《初中生心理学》、《我的事业是父亲》、《学习改变命运》、《好妈妈胜过好老师》、《好爸爸胜过好老师》、《孩子，把你的手给我》、《父母改变，孩子改变》。但愿您像蔡笑晚先生一样，把培养孩子作为自己事业的重要组成部分。

真心希望您以平和的心态、有效的行动，与孩子一

道为小学画上一个圆圆的句号，为初中开启一扇充满阳光的大门！

祝您和孩子

早日找到合适的初中！

潘志平

2013年1月12日

初中三年家庭教育的六个关键点

亲爱的家长：

您好！

首先祝贺您！今天，您升格为一名光荣的初中生家长了，您我将带着我们的孩子踏上人生关键的三年初中之旅。

这三年的家庭教育，您应抓住哪些重点？我认为需抓住以下六个关键点。

关键点1：一家人

您有一个其乐融融的小家，而今您的孩子来到了公益中学，我们就拥有了一个温馨和谐的大家——她的名字叫公益。您需花点时间，深入了解公益人的文化、特色，公益人学习、生活、活动的基本路径，进而在熟悉的基础上适应，在喜爱的前提下融入。

我们是相亲相爱的公益人。一家人不说两家话，只要我们彼此发自内心地坦诚相待，孩子就会在您我的带领下，产生归属感、荣誉感、责任感，真心呵护公益这个共同的名字，人人做公益中学的形象代言人，个个加入共建共享温馨公益大家庭的行列。大河有水小河满，公益兴旺我受益。反之，如果您缺乏"公益一家人"这样的认同感，孩子就难以在接下来的三年内，在公益这个

校园里（每天孩子将有三分之一的时间在此学习、生活）享受到成长的幸福和快乐。

关键点2：德为先

我们将面临中考，势必会花比小学多的注意力关注分数。但是，初中是孩子自律水平较低、波动性较大的年龄段。分数诚可贵，品性价更高！我们要恪守把教孩子做人放在第一位的宗旨，引导孩子学会尊重自己，切实对自己负起责任；学会尊重他人，力求不给他人增添麻烦；学会站在他人角度说话做事，提高孩子的情商。

初中生优秀的品行和优良的成绩在很大程度上是靠"管"出来的。做规矩时，您我需要"拳出去是同一个拳头，喊出来是同一个声音"，形成家校合力，绝不含糊！我们要关注细节，重视发挥第一次效应并反复抓孩子良好习惯的养成。7月10日孩子来校参加第一次主题班会，就给其一个全新的定位，按新的、初中生的要求执行。从"头"抓起，仪容仪表要像个初中生的样子；多交好友，多看好书；少玩电脑，少花钱。

关键点3：重学业

初中和小学最大的不同就是初中更在乎学业成绩。我们不主张过度强调学习成绩，不主张以考试分数控英雄。但是，如果您孩子的学习达不到应有的成绩，就会产生连锁反应，影响到他（她）的品行、纪律、身心和人际关系等。所以，请您从平时的每一次作业、单元练习、第一次期中阶段性测试开始，步步跟进，时常检查。

抓学习提倡适度超前，因为一步领先，就争取到了主动权，可能实现步步领先；而落后一天，就有可能天天落后。暑假开始，您可在继续坚持上特长兴趣班的同时，开始着手学科"补弱"工作，为相对薄弱的那门学科，报个课外补习班，把初一的内容适当超前学一点。这样，开学后孩子就能跟上"大部队"：上课能跟得上老师的讲课思路和节奏，课后能较快地完成作业。当然，比较理想的是孩子有一两门强项学科，能保持优势，使之成为孩子学习上的"拳头产品"——上初中后时间花得不是特别多，但成绩始终能够名列前茅。

上初中了，要引导孩子正确处理好主业与副业的关系。为发展孩子的特长爱好，可适当安排一些时间、精力坚持一两项的课外培训、学习，但以能完成初中基本学习任务为前提。

关键点4：抓住"心"

让孩子初中三年学习好的三个关键词是信心、兴趣和坚持。其核心是您要抓住孩子的"两颗心"：上进心、自信心。培养这"两颗心"既要让孩子有目标，激发学习兴趣，享受学习成功，又要给孩子有压力，不给孩子留"到时候考不上前八就出国"之类的后路，千方百计地激发孩子不怕困难、勇往直前的上进心。无论出现什么情况，即使学习成绩弱一点，也要从其他优点中充分肯定孩子，细心呵护他（她）的自信心，让其拥有"我很棒，我能行"的信念。

关键点5：巧沟通

这三年中，您需牢牢记住和初中孩子沟通的秘诀："我说了多少不重要，重要的是孩子听进去了几句。"孩子已是初中生了，已过了哄骗、威逼等简单化的教育方法能解决问题的年龄。与其沟通时，需要动点脑筋，备备课，创设自然真实的聊天环境，善于选择话题，打开其感兴趣的"话匣子"，耐心倾听，适时呼应。需要您适时示弱，给予时间和等待，尽量避免势不两立、正面争吵。读初中了，孩子的思想会越来越深刻，理性的成分也越来越多，用书信的方式与其沟通也是一种很不错的选择。

您需处理好威严与民主的关系。原则问题需要毫不松懈，日常交流多点"柔"性，朋友式的关系更被推崇。

关键点6：善规划

首先，建议您领着孩子去认识一位优秀学长，并拜其为师。这位学长可以是现在初二、初三的学生，也可以是近几年初中毕业的学生。要求学长品行端正，有正气，进取心强，学习成绩好。通过孩子跟学长的交流，他（她）对初中生活、学习有整体认识，并学到一些具体的方法，这样可以少走许多弯路。

接下来，制订一份孩子三年、六年培养方案。我在给女儿做的《培养方案》中包括了下列内容：制订方案的目的、原则，初一、初二、初三六个学期在品行表现、学习成绩、兴趣特长发挥、担任班干部、参与活动等方面分别达到什么目标，初中毕业后考什么高中，高中毕业后考哪里的大学；有哪些配套措施保证这些目标的实现，爸爸、妈妈、孩子各承担什么任务，奖惩办法等。同时，附有《方案实施情况记载表》。《方案》一式三份，半个学期评估一次。

7月10日后，您先要和孩子做一份具体、可操作的《暑假计划》。记住：计划的核心元素是执行、再执行！

祝您

为孩子的初中学习开个好头！

校长 潘志平

2013年7月5日

满怀憧憬

初一第一次期中测试后您需做的六件事

亲爱的家长：

您好！

转眼间，半个学期匆匆过去。拿到孩子的初中第一次期中阶段性测试成绩单，可能是有人欢喜有人忧。怎样让您的欢喜您的忧虑转化为孩子日后学习、生活的新动力？先让我们来看张同学和黄同学的案例：

这两位同学小学时在同一个班，学习成绩在班里都处于10名左右，他俩学习比较努力，智力水平中等。进入初中后，张同学的爸爸妈妈意见一致，告诉孩子：你在公益中学属于中等水平，希望你找一个比你稍强一点的同学作为合作又竞争的学习伙伴，力争每次测试向他靠近一点点。小黄同学的爸爸工作比较忙，不太有时间过问孩子的具体情况，妈妈全职照顾小黄，要求他进入班级前五，各项活动都能获奖。每当他小测验欠理想时，黄妈总会说：“我和你爸读书都很好，我就不相信你连某某都比不过。”结果呢？张同学这次期中测试进步了20多名，而黄同学却退步了10多名。

为什么会产生这样的差异呢？我认为主要是家长不同的期望值导致了孩子学习的心态、状态不一样：张同学有目标，有适度竞争的焦虑但有安全感；黄同学很想学

好，却总是欲"高"而不能达，整天提心吊胆，焦虑过度。

这次检测是对您的孩子学业上的一次反馈，也是对您和您孩子初中适应性的一次检阅。请您用成绩作为参考，和老师进行一次沟通，对自己和孩子的想法、做法作一次反思，以促进孩子保持或调整心态、状态，在接下来的时间做得更好。下面六点建议供您参考。

1. 给孩子的测试情况做一次深度分析。

成绩不错或不够理想都有个客观评判。您可从学习基础、习惯及勤奋程度、兴趣毅力等方面进行分析。

2. 和孩子一起进一步进入初中的学习角色。

有的家长在孩子升入初中后压力过大，也有的还没有缓过神来，总认为初一还早着呢，回家作业从不检查，一听孩子说作业有点多就和孩子一起抱怨。有的孩子小学时成绩挺不错，到了初中成绩一下降就百思不得其解，总是说："我这孩子，小学时是如何如何聪明，成绩多少多少出色。"却不知现在已从跑200米（语文、数学）到跑400米（语文、数学、外语、科学）了，不能再靠小聪明、吃老本、临时抱佛脚来对待学习了。在初中，"平时要轻松，考时要成绩"几乎是不太可能的了。

所以，建议您首先自己得改变对初中学习的认识，花点时间把孩子从上课注意力不能够集中、不会合理安排时间、作业马虎应付、回到家里就玩电脑的状态中“拉”出来，把每天的学习任务扎扎实实地落实到位。

3、坚定自己的孩子一定能成才的培养信念。

当您和孩子都已经非常努力，但学习成绩仍不尽人意时，您可千万不要唉声叹气，轻言放弃！可能是基础等原因导致孩子学业欠佳，但只要孩子身体心理健康，阳光热情；为人正气大气，不走歪路；有上进心，虽成绩落后但始终尽心尽力完成老师布置的学习任务；乐于助人，有自己的兴趣爱好——这样的孩子就是人才！

4、有针对性地采取符合自己孩子特点的措施。

您从现在开始，引导孩子改变学习方法和习惯，一定会有收获：用限时作业、任务型学习法，让孩子从“拖拖拉拉”的学习习惯中走出来；用笔不离手、圈圈画画读题法，让孩子从“毛里毛糙”（粗心）中走出来；用“日日清、周周清”的习惯，让孩子减少学习上的欠账；用“每日必背、不定期抽背”的方法，让孩子全面、及时巩固基础知识；用“每日必读、重点攻难点和弱点”的措施，提高孩子的阅读理解的能力，赶走制约孩子学习平衡发展的“大老虎”。

这些都是通过我反复实践总结出的行之有效的好方法，只要您肯去尝试，坚持不懈地督促孩子执行，必将改变您孩子的学习状态和学习成绩。

5、有效地建立宽严有度的亲子关系。

有人说，期中成绩表面上看起来是孩子在比拼，背后是在“拼爹拼娘”：一拼亲情资源，孩子愿不愿意给爸妈读；二拼课外时间，看哪个老爸老妈讲究方法盯得紧。此话不能说完全正确，但也不无道理。与孩子沟通学习上的事，肯定要有适度从严的要求，该做到的事不打折扣。但一定得多传递正能量：先肯定孩子的优点，再指出不足，提出具体化的、可操作的要求。

6、做好孩子的心理疏导工作。

要让孩子不讨厌学习，不害怕学习，不抱怨作业，需要您用真心、用真情、用好的方法指导他（她），了解他（她）内心的真实想法，进而用合适的方法走进其内心世界，保护其自信心。最要避免的是因为一次期中测试成绩就把他（她）的热情和斗志打压了！

愿您的孩子

拥有更高昂的学习兴致！

阿潘校长 志平

2012.11.25.

初二学生家长怎样把好"三个关"

亲爱的家长：

您好！

祝贺您的孩子从身体上、心理上已经或即将进入"大人"的行列了！

同时，阿潘需要提醒您，家有初二孩子，对您来说充满挑战，思想上您需更加重视，方法上您得更加讲究策略。我认为重点要把好"三个关"。

第一关：把好孩子的情绪波动关

初二的孩子特别容易激动、躁动。原先的乖乖女、言听计从的小男孩可能会在一个月的时间内变得不那么听话了。有的时候您稍微说得重一点，他（她）就会很激动，甚至暴跳如雷；有的时候您稍微多说两句，他（她）就会嫌您烦；有的时候他（她）会莫明其妙地不安、发呆……

怎么办？

这时，您得冷静！把好孩子情绪波动关的关键是您得管好自己的情绪，充分理解上述情况属正常现象。

把握孩子情绪波动关的前提是您用心投入。孩子已进入青春期了，您不能还总认为他（她）是小孩子，与其交流不能再浮在表面，不能再粗暴压制或简单化应付一下，更不能忽悠孩子；而是需要您真正静下心，花更多的时间和精力，用心与孩子交流，主动构筑与孩子最易产生心理上共鸣的交流平台，如一起打球、散步、短距离旅游等。

把好孩子情绪波动关的良策是柔中带刚。在初二孩子面前，您得学会示弱，多听少说，尽量少跟他（她）硬碰硬；您的"刚"要尽可能用其能接受的方式贯彻下去。当然，初二孩子可塑性特别强，很容易被左右，所以原则性的问题还是要坚持不能让步，必要的规矩不可放松。

把好孩子情绪波动关的操作要点是学会等待。耐心，再耐心！千万不要硬与孩子争个你高他（她）低，说"我就不信管不了你"之类的话，因为您与他（她）发生正面冲突，基本上都会以您的失败告终！两人发生争执时，您不妨采取冷处理的办法，先不说话或离开现场，待孩子稍许冷静些再与其讲道理，提要求。

第二关：把好孩子的学习分化关

初二学习任务增多，特别是数学、科学难度加大，对许多孩子来说，是一个学习上的分水岭：初二时跟上大部队了，就不太会再掉下来；初二时掉队了，后续学习拉开的距离可能会越来越大。

把握孩子的学习分化关可从三方面入手。

一是您和孩子在学习上需循序渐进地收紧。特别是孩子在家的时间，请您尽可能多地陪伴在孩子的身边，经常性地翻翻看看他（她）的作业，英语较弱的（特别是男孩子）得加强英语单词、词组的听写，课文、对话的背诵检查，以对其学习情况进行及时、有效的检查、督促。

二是用表格的形式，对孩子的学习任务进行目标管理。将孩子一天、一周的学习任务进一步细化，统筹安排，避免忙乱、急躁，影响作业质量。

三是孩子在某一科目、某一知识点出现薄弱环节时，及时帮助其解决。特别是孩子自己感到有点怕的学科，有点困难的知识板块，靠自己努力很难突破的能力点，您得在第一时间帮助其扫除障碍哦！

第三关：把好孩子的抵挡诱惑关

导致初二孩子分心的诱惑主要有三个：追求名牌、电子产品等物质享受，不良书刊，异性交往。

帮助孩子提高抵挡物质诱惑能力的任务主要得靠您完成！因为我和老师们除了规定孩子在校必须穿校服以及进行正确的消费观教育外，很难使上劲！初二的孩子会比以前更注意着装、发型，您得从开学第一周、第一次入手，就要控制零花钱每周不超过25元、买东西不求名

牌但求舒适的原则。不找任何借口为孩子配备手机、ipad等电子产品，孩子过生日不互相宴请，因为这些都易催生孩子的攀比心理。

需时常留意一下孩子在看的课外书刊。不适合孩子的音像资料一定不要让孩子有机会接触。

需多多观察和孩子来往比较密切的同学朋友，特别是单独交往的朋友。初二的孩子对异性比较容易产生好感，也有的孩子可能会因为其他同学有了“朋友”而动摇自己的意志。您可以通过一些实例让孩子明白：不成熟的苹果不要采，因为它很酸。他(她)现在的核心任务是学习，所以得把朦朦胧胧的感情埋在心底，这样才更美好。最好能与孩子达成这样的约定：大学时再考虑谈朋友。

亲爱的家长，初二的孩子不好管，但只要您用心管，相信您一定能管好。

祝您

带着孩子顺利渡过三关！

阿潘校长 志平

2011年9月15日

和“学生校长”一起倾听学生心声

初二第二学期您需关注些什么

亲爱的家长：

您好！

孩子进入初二时，我曾与您说过，初二的孩子是最需要管，也是我们最值得花时间、最需要讲究管的方法的时候。不少家长在给我的来信中写到：确实是这样，初二以来，孩子的变化还真是蛮大的。也有家长说："现在最让我揪心的就是这孩子了，我都不知道如何是好了，我不愿、不敢、不肯'放'，却又想不出好的方法'管'，轻不得，重不得，我该怎么办呢？"

初二的第二个学期，我觉得您在继续"走"和"善而坚定，减少啰嗦，多种方法"路线的基础上，得进一步从身体、情感、学业三个维度进行有效关注。

一、全方位抓住奠定孩子健壮身体底子的好时光

棒棒的身体一定是孩子成长最重要的元素之一。对多数孩子特别是男孩来说，这学期仍是个子长得最快的时候。您需根据孩子的特点，注意饮食，适当给孩子增加营养。穿着要力求舒适，少穿牛仔裤等紧身衣。尽可能保证必要的睡眠时间。利用一切条件加强体育锻炼，增强体质，如每天坚持三组一分钟跳绳，和孩子一起打打球、

跑跑步、爬爬山等。

二、增加和孩子在一起的时间，关注孩子的思想情感

1. 增加和孩子在一起的时间。这个学期，随着学习任务的进一步加重，以及"准初三"带来的心理压力，孩子的内心世界越来越丰富：他们有很多想法，爱做梦，却不愿意和父母说。所以需要您尽可能增加和孩子在一起的时间，善于察言观色，细致些，再细致些，从孩子的言谈举止中读懂他（她）的内心，用孩子乐于接受的方法和口吻与其进行顺畅的沟通。如"我感觉你这几天好像有点不太开心，是不是……？""……好不好？""我很乐意帮你做点什么。"需要彻底改变平时很少管，拿到分数一顿骂的做法。

2. 发挥"第一次效应"。这个时候，部分孩子为追求新、奇，审美标准可能会与您完全不一样：他们会想方设法留与众不同的发型，穿怪怪的衣服，背稀奇的包包，各方面都很优秀的孩子会与经常违纪的同学打得火热。因此，需要您以敏锐的眼光抓住苗头，注重"第一次"效应：第一次出现上述情况，就马上制止，果断地、用力地把孩子往正确的方向拉——用符合大众化审美标准的人和事去引导孩子，要求他（她）明辨是非，做到初中生有初中生的样子。您不要开始时睁只眼闭只眼，听之任之，到后来无法收拾。

3、"三字原则"应对情感困惑

您知道,这个时候对异性产生好感属正常心理,这个学期,男女同学过密交往会进入高发阶段。这是一个比较难解决的困惑,我认为您需抓住三个字:

一曰"早":早介入,用《黄帝内经》中"治未病"的理论和方法,在孩子陷入情感困惑之前,跟孩子讲点"什么时间做什么事"的道理,用理智战胜情感,管好自己。详细地教给他(她)用合适的方式拒绝对方的具体方法,以防患于未然。

二曰"减":到了这个阶段,孩子与异性的交往逐渐隐蔽化。引导的方法是让孩子尽量减少"一对一"电话联系、单独相处的时间和机会。

三曰"导":如果您发现自己的孩子有与异性交往过密的现象,可一定要记得"抽刀断水水更流"的道理,只要有可能,就要尽量避免捅破那层纸。如跑去与老师说,与对方家长联系,以免孩子感觉反正大家都知道了,索性就以"任由众人说"的态度大胆公开交往。

到了这个阶段,您可以根据孩子身体、心理发育情况,在孩子不抵触的前提下,逐渐深入地与孩子谈谈性道德方面的话题,让孩子懂得"冲动是魔鬼",学会对自己、对他人负责，坚定地守住道德底线；让孩子学会拒绝（特别是女孩子的家长更要强调这一点）；让孩子能有足够的警惕和敏锐的直觉，明白什么是危险的交往方式，例如约见网友，异性单独相处时双方距离小于50厘米等，以规避危险情景，避免受到伤害。

三、合理期待，大致定位，做孩子学习的陪练、裁判

到了这个学期，孩子学习的波动性相对减少了。建议您静下心来，对孩子总体学习情况做个客观评估，对每门学科的具体学习成绩做个细致分析，和他（她）一起确定最近发展区、最优发展区。结合历年的中考录取分数线和孩子初一期末以来几次考试所处的层次，初步确定想考的高中，给出努力的大致方向。对有一定个性特长、符合高中自主招生条件的孩子，可从现在开始，做些有效的针对性准备。

到了这个学期，孩子会更加敏感，越来越在乎他人的评价。孩子学业上的不足、困惑往往会触动其思想、心理上的神经，您要实实在在地帮助孩子修补漏洞、提高能力、解难破惑。

建议您采用“胡萝卜加大棒”的管理方式，解决男孩子懒得“背”，女孩子害怕“想”的难题；采用“每天或每

用抽背法"——回到家中随机抽取当天或当周学习的单词、课文请孩子背诵、听默写，扎扎实实地落实基础知识；用"限时作业法"提高学习效率，改变心不在焉、莫明其妙发呆的状况；用"乐当孩子的学生"——请孩子给您讲题目的方式增强孩子学习的兴趣、思维的灵活性和探究精神。

根据我带女儿的实践体会，要促进孩子跟上这个学期的学习节奏，您需要好好承担起陪练、裁判两个角色，给孩子适度压力、方法指导，更给他(她)信心。

最后，向您推荐张丽钧《世界上没有白吃的苦》这篇文章及沃建中著的《亲自架起沟通桥梁：亲子沟通》、简·尼尔森著的《正面管教》两本书，建议您去读一读。

祝您

成为孩子的好教练、好陪练、好裁判！

阿潘校长 志平

2013.2.25.

怎样帮助初三孩子度过最后一年

亲爱的家长：

您好！

再过几天，孩子的暑假生活即将开始。过了这个暑假，您的孩子就要进入初三。孩子初三了，就得像个初三学生的样子，静下心来，有模有样、有实效地拼搏一把。与此同时，为了孩子这一年拼出成效，您也需进入初三家长的状态哦！

您可以从以下五个方面为即将进入初三的孩子做好准备。

一、要有两个“舍得”的精神

一是舍得在初三孩子身上多花些时间。我们都知道付出和回报是成正比的。请您在接下来的一年中尽可能减少出差、应酬、休闲等活动，腾出时间陪伴孩子。因为初三这一年需要做很多事，也能够做很多事，而初三的成效不在于想了多少点子，说了多少话语，而在于做到了几点。所以，请您要想办法让自己和孩子一起拥有“说出去马上干”的初三执行力。

二是舍得让初三的孩子吃点苦。您孩子面临的是全市23000名左右的初三毕业生争夺4800个前八所重高的座位的竞争，初三的学习任务、学习压力显然会高于初一、初二。这一年您需关注、确保孩子身心健康，但不能太心疼孩子，要舍得让其多花点时间、多承受点压力，告诉其初三一年的拼搏要注重结果——力争中考发挥最佳水平，取得自己满意的理想成绩；更要体验过程——在拼搏的每一天中培养吃苦耐劳、独立钻研的精神，勇于克服困难的斗志和坚持不懈的毅力。

二、要进入两个“静心”的状态

一是静下心来了解、分析孩子的现状，面对现实，细致全面地规划孩子的升学方案，确定适合自己孩子的重高、优高、职高及出国求学等基本意向，早打算，早行动，查阅目标高中的网站，了解信息，做好各类招生方式的准备。

二是让孩子静下心来进入“目标清晰、惜时刻苦、注重实效、多问多悟”的状态。您要对孩子软硬兼施，把他（她）从电脑等诱惑中拉出来，各类外出游玩的活动请尽量安排在明年6月20日以后进行。

三、要有保持两个“一致”的氛围

一是您和学校、老师合拍的氛围是十分有效的资源。为了有效衔接、提高复习的针对性，学校对初三老师作了适当调整，请您引导孩子尽快主动适应。对学校根据历年成功的经验，即将采取的抓初三的措施请予以积极配合支持，有想法特别是好的建议可以及时与我们沟通，但不要让怨言、情绪来折腾您和孩子，力求做到不猜疑、少计较、不乱发议论。

二是您和老师尽量保持一致的节奏。初三的老师都是一线的专业工作者，他们在知识点的把握、能力训练的方法、资料的选编、时间的安排等方面都会考虑到各层次学生的特点作全面、细致的考虑，况且无论是整体安排，还是每一门学科，我们都是以团队的方式在合作，在整体作战。没有特殊情况，请您和孩子跟着老师的节奏走。

四、要发挥好两个"抓手"的作用

一个抓手是"初三墙"。家里的"初三墙"上的内容包括：这一年总体目标，每个阶段的计划、重点解决的问题；从初二期末到五月中旬10次测试的登记表，画好曲线图，随时分析。

另一个抓手是责任区。明确每一位家庭成员初三这一年的职责、任务和奖惩办法，商量好，写下来，相互鼓励、督促、鞭策，把初三每一天的作用发挥出来。

五、要重点抓住"两个点"

一是时间点。晚上、双休日、节假日属于您的权利和责任，既要抓学习，又要讲劳逸结合；既要问耕耘，更要问结果，抓重点，补弱点。

二是项目点。第一个项目就是保证质量按时完成暑假作业，抓住一两点薄弱点重点突破。第二个项目是确定中考体育项目，科学地练习。第三个项目是有针对性地练书法、计算、阅读、答题规范等。

最后，隆重地向您推荐一篇好文章：《我们都不是神的孩子》，林丽渊同学高三一年"无趣的蜉蝗"能给您和孩子很多的启迪。从初中开始，她的梦就是"考进复旦"，到最后"考进北大"，体现了她把"没得选择"当作选择，把"苦，是从来不会白吃的"当作信念，全心全意做个"无趣"的人的追求、态度、精神和意志。我认为，这篇文章值得您带着孩子一读再读！

诚心希望您我形成合力，促进孩子保持旺盛斗志，静心拼搏一年，顺利完成初中学业！

祝您和您的孩子

成功！

阿潘校长 志平

2013年6月30日

让我们更有初三的范儿

—给初三家长的六项寒假作业

亲爱的家长：

您好！

今天是1月19日，屈指数来，离中考还有145天。这145天中，寒假23天，双休日及清明、“五一”等放假34天，39%的时间孩子在家里。所以，今天我要给您布置作业了。

从读小学至今，孩子坐了近9年的板凳，就要接受人生的第一次重大挑战，想必您我都很希望他（她）中考取得成功。什么是成功？中考成功就是中考目标的实现。要实现成功的目标，孩子可能会在最后一个学期中，遇到更大的压力和更多的困难。

那么，怎样引导孩子面对压力和困难？首先，您要让孩子明白一个道理：成功者会不断地找方法，并且把方法落实到位；而失败者是不断地找借口，想法多行动少或三天打鱼两天晒网。其次，您和孩子要毫不犹豫地选择朝“成功者”看齐！

现在，我想给您布置六项寒假作业。之所以要以布置作业的形式和您交流，是因为我想让您进入和老师、孩子一起前行的角色；让您觉得作业中的事不是可做

可不做的；也为了让您的管理工作更具可操作性——做了可以监测和评价，从而把"重视"两字真正落到实处。

作业1：准备一本专用笔记本。详细记录孩子在家里的57天中您和孩子学习任务、锻炼活动等安排及完成情况、取得的成果、存在的不足及弥补的措施。

作业2：开展一次现状分析，并记录在《专用记录本》的首页。您和孩子进行一次促膝谈心，话题可以从以下几方面展开：一是对本次期末成绩的客观分析，肯定优势，耐心听孩子讲一讲失分点的失分原因。二是从精力集中程度，时间利用情况，有无紧迫感，是否已静下心来，是否已经做到一回家无需父母催促就完成作业，是否已与电脑、手机、无关小说byebye等方面对照一下，从"镜子"中照出孩子是否已真正进入初三的学习状态，拥有"初三范儿"。

作业3：与孩子一道确定一个合适的定位。心中有明确、具体的第一目标、第二目标。安排点时间，去心仪的学校实地走访一下，拍一张校门照片，制作成一张精致的心仪目标图，贴在孩子的"初三墙"上，让心仪学校的那扇开着的大门始终敞开恭候您的孩子，促使您的孩子学有方向，拼有动力。

作业4：注意把握轻重的度，进行有效沟通。

有的家长会认为到了最后半年，学习紧张，所以事事都依着孩子，许多想说的话都不愿直接说出来。我认为，这个学期适当宽容孩子，以保持其良好的情绪状态是可以的，但原则问题，特别是品行、纪律等方面的要求切不可以松懈，需注意把握的是尽量以孩子听得进的方法、敞开心扉地把自己的意思告诉孩子。寒假中，您可先适当备备课，想一想主要跟孩子谈点什么，在什么样的背景氛围中谈以及怎么谈。您得多多关注孩子在沟通中表现出的心理变化，巧妙借力进行有针对性的心理辅导。

作业5：用好"作业清单"，督促完成学科作业。

例如语文每天背一篇古诗词，读一篇文章；数学每天进行限时训练计算题；英语每天听读不间断；科学每套试卷每天计时完成，对照答案认真批阅分析；对需强化的体育训练项目坚持每天一练等。这些作业需要您天天检查，并进行评分、反馈、整改，实现"日日清"的目标。

作业6：和孩子把书读薄，量体裁衣进行针对性辅导。

现在开始到下学期，各学科都陆续进入复习阶段。初中三年那么多的内容，您要善于帮助孩子做减法：把孩子已经非常熟悉的内容，在复习计划中删除。例如您在寒假中可和孩子一道把中考英语词汇表梳理一遍，您报

单词，孩子听写，对孩子能轻易写出的“nice, computer, run”之类的单词果断地划掉，这样就逐渐地把书读薄了，也就减轻了综合复习的负担。

复习阶段，对孩子分层要求有利于大大提高效率。寒假开始，您要根据孩子的实际基础、能力，做有针对性的指导：如果您孩子现在成绩不太理想，您要让孩子主要做实基础题，而申请免做难题；中等程度的孩子家长，您可把最容易的题和最难的题目去掉，专攻中等题，适当做点稍难题；对成绩优秀的孩子，您可得让其有拔尖意识，每天做一道挑战题。如果您觉得分类选题有困难，可以咨询任课老师，但一对一的指导您是最有优势的。

亲爱的家长，无论是您的六项作业还是孩子最后半年145天的拼搏都需要督促、再督促，落实、再落实才能收到实效，对吗？

愿您

圆满完成六项作业，开学交上一份满意答卷！

阿潘校长 志平

2014年1月19日

三

踏实走过每一学年

赢得了每一学年，也就赢得了整个中学阶段。每一学年的开学之初，如何让孩子尽快进入学习状态？期中考试来临，孩子压力过大怎么办？期末临近、暑假将至，您又该做些什么？……且听阿潘给您慢慢道来。

就要开学啦，
阿潘校长建议您做好五件事

亲爱的家长：

您好！

真的很开心！再过两天，相亲相爱的公益人就要相聚在新的校园，在温馨和谐的公益大家庭中，一起踏上2013学年第一学期的新征途啦！

新的学期，相信您和孩子都会有新的愿望、新的行动。怎样使你们的愿望更容易付诸行动，行动更富有实效？阿潘建议您做好五件事：

一、开好一个家庭茶话会

不管您有多忙，这两天请设法安排出一两个小时，准备一点家里人特别是您孩子比较喜欢吃的水果、糖果、瓜子等食品，或在家里，或找个幽静、温馨的茶室，全家人围坐在一起，边吃边聊，在自然轻松的氛围中，耐心听听孩子一个暑假的收获，新学期的打算，对爸爸妈妈、爷爷、奶奶、外公外婆等的内心期待、祝福等。每位长辈简短地向孩子提一两点希望和祝愿。

这次家庭茶话会，您最好能按照孩子的意愿选择时间、地点，这不是宠孩子，而是有利于创设良好的心理环境，敞开心扉进行有效沟通。茶话会前，您和孩子做个约定：家长们多用两只耳朵，听孩子说话，避免严肃的批评、长篇的说教；孩子多用嘴巴，不要管说得对不对，都要把内心想说的话痛痛快快地说给家长们听！

这次茶话会的纪律要求是：家长不得骂孩子，孩子不得翘嘴巴。

二、开展一次静心练习

这两天内，选择一个您和孩子都有空的时间段，进行一次静心活动，帮助孩子从暑假相对宽松、浮躁的状态中拉到开学后必需的静心状态。

静心练习初一同学用40分钟，初二同学用50分钟，初三同学用60分钟。具体操作方法为：请孩子从做作业、看书、静静地坐着三件事情中选择其中一件，从家长宣布"计时开始"到"时间到"为止，孩子必须保持目不斜视，集中全部注意力做作业、看书或者静静地坐在原处。这段时间内，您可以故意发出点声音或做些干扰动作，以考验孩子的定力，考察孩子的注意力集中情况。

"静能生慧，慧能生智"，静心是非常重要的一项学习品质，对促进思维、提高效率意义非同一般。

对不太静得下心来的孩子，平时也可多多开展静心练习。

这次静心练习的规则有三条：1.孩子必须在客厅等公共空间或把自己的房间门敞开的情景下，静心地只做一件事，而不能一会儿做作业，一会儿看书，一会儿静静地坐着。2.您必须全程参与，在现场观察评分。3.事先商定好奖罚措施，练习结束时兑现奖惩。

三、写好一份学期计划

您和孩子一起商量，共同制订一份适合的、可操作的计划。定好新学期的目标，目标应包括品行修炼、学习长进、个性特长发挥、担任班干部、身体心理训练等。计划还应配有为实现目标将要采取的具体措施，完成情况登记等。

操作要点：计划是"一分制订，九分执行"，订计划容易，落实困难。所以，计划一定得符合孩子的实际，具体可行。您需坚持不懈地花时间对计划落实情况进行检查、督促、反馈、奖惩、整改，将关注的重点放在最后"完成情况"一栏上。

四、选好一套辅助资料

目前，我们学校的大部分同学手里都有一套（语文、数学、外语、科学）适合自己学业基础和能力的课外补充资料。因为现在市场上的教辅资料令人眼花缭乱，请您在帮助孩子选购资料前，问问孩子的上一届学生用了什么好的资料，也可咨询一下任课老师。另外，是否报课外班，报哪一类课外班也请您根据孩子的实际情况慎重考虑，切忌盲目。

操作要点：选资料和报课外班都要有选择，量力而行，各个击破，宜精不宜多。

五、进行一两次作息时间训练

今天晚上开始，即按开学后正常的作息时间就寝。明天早上6:30左右起床，洗漱、早锻炼、早餐，9:30左右吃点课间餐，12:00用中餐，中午小憩，下午5:00用晚餐。这样，开学后就能较快地进入角色。

温馨提醒：长长的暑假过后，如果孩子有点恋家，出现点开学恐惧症属于正常现象，您可适当查查资料、做点心理疏导，也可与班主任联系。

只要我们一如既往，合力、用心去做，以饱满的热情，以强烈的责任心和自信心开心走进新学期，相亲相爱的一家人一定能够做得更加出色！

阿潘校长 忠平

2013年8月30日

引导孩子明确目标、落实计划的三点建议

亲爱的家长：

您好！

中秋佳节到来之际，我代表1050位公益师生恭祝您合家团团圆圆，充满欢声笑语！

开学至今已两周。全体公益人以饱满的热情、平和的心态投入到新学年的工作、学习中，呈现出良好的发展态势。

这个学期，我们将恪守"学做人，学知识"的校训，高举"做人第一，活教乐学"两面旗帜，着力打造"乐观大气、相亲相爱"的公益亲情文化，运用"规范+情感"的管理方法，"严"字当头，"细"字把关，抓实每一个言行规范环节，不断优化校风，让"学生品行优秀"成为公益学子的"金名片"；刚柔并济柔为上，充满激情、富有感情地营造和谐向上的人际氛围，共建共享其乐融融的公益大家庭。在确保师生身心健康的前提下，采取一切可能的措施，促进教学质量稳中有升；在做实各项"规定动作"的前提下，重点开展三个方面的工作：一是抓住教师队伍建设这个"牛鼻子"，促进学校的内涵发展和可持续发展；二是启动"公益学子乐学英才计划"，积极打造特色亮点，促进学生个性发展；三是做细"做人

第一"品牌课题研究，形成操作性更强的"学做人"活动系列，促进学校品位提升。您、我、孩子都是公益的一分子，我们同在一条船上划桨前行，恳切地盼望我们三方合心、合力、合拍，奋力拼搏划到胜利的彼岸。相信我们一定能行！

思想思路是方向，行动执行是关键。当前我们需要采取什么行动呢？

9月1日的开学典礼上，我讲了三个小故事，其中一个说的是一位名叫戴维的小盲童的故事。戴维上幼儿园时梦想自己一定能成为英国的内阁大臣，因为在英国历史上还没有一个盲人进入过内阁。几经拼搏，他终于梦想成真。由此得到的启示是：做任何事情，首先必须有一个明确的目标。不敢想、不会想也就不可能成。正如成功学大师拿破仑·希尔所说："除非你说出目的地，否则你无法到达成功"

新学期伊始，我们要采取的第一个行动就是让孩子心怀新梦想，脑中有非常具体的目标和计划，激发其学习的动力，享受日有所长、月有收获带来的快乐。今天孩子回到您身边时，好好坐下来聊聊天，听一听他（她）的梦想，从以下三个方面明晰目标、落实计划：

一、分三个层次定目标

1. 长期目标。长期目标是一种信仰。我们每一个人都具有无限的潜能，大多数人的潜能最终没有发挥出来，就是因为缺乏明确的、坚定的目标或没能执着于自己的目标。哈佛大学有一个著名的关于目标对人生影响的跟踪调查，结果发现：3%的人有清晰且长期的目标，并把目标写下来，时常对照检查。在跟踪调查的25年里，他们没有更改过自己的人生目标，始终朝着自己的目标不懈努力。25年后，他们几乎都成了社会各界的顶尖成功人士，其成就远远超过另外97%的，智力、学历、环境与他们类似却没有他们那样有明确的长期的目标的人。

根据我的观察，缺乏长远目标的学生，无论是学习还是做其他事情，往往不大提得起精神（动力缺失）或者是这个学期做这件事，看到别的同学机器人玩得好，就想成为计算机专家；看到邻居家的孩子大提琴拉得棒，被特招进入杭二中，就让爸妈买来大提琴送去培训班。可是到了下个学期又想学新花样了，结果是什么也没学好。这样的孩子在学习上往往稍微遇到点困难和挫折，就会说："我要这么辛苦干嘛？读书读不好又会怎么样呢？"而有长远目标的学生，不管是学习还是做其他事情，心都很静，明显的特点是上课时目光很专注，碰到问题时会打破砂锅问到底，读书做事有一股韧劲。

因此，建议您根据孩子的个性和兴趣，请其确定一个心目中的梦想目标并将它写下来，贴在自己的书房(卧室)里。

2、中期目标。中期目标要让孩子看得见、摸得着、有奔头。“瞄准天空的人总比瞄准树梢的人要射得高”告诉我们，目标要适当比自己的实际水平高一点(当然不能高得太多，孩子感到高不可及的目标一定是无效甚至有害的)。如果您的孩子读初三，您与他(她)确定的中期目标是中考时瞄准的具体高中，把心仪的那所高中的名字、照片等制作成一块精美一点的“目标板”，放在书桌前或挂在墙上，累了、情绪发作了、烦躁不安了，您就引导他(她)一起看看心目中理想学校的照片、资料，默默地念一念：“我要考的是××高中，它往年的录取分数线一般是×分，我现在还差几分，我还需怎样努力才能达到？”如果您的孩子在读初一、初二，您与他(她)确定的中期目标一般为一学年争取的目标，也可以是中考目标。

3、短期目标。短期目标是让孩子知道眼下该做什么、怎么做。它要求细致、可行，想到了马上就开始做，做了基本上就能实现。如：接下来10分钟、半个小时我要完成的目标任务是什么？月测、期中考、期末考我的目标是什么？

这次我数学发挥欠佳，主要失分在哪里？下次我打算考几分，怎么补上去。

二、分解落实目标、执行计划

被清晰分解的目标有助于增强挑战目标的信心，不断获得正面的激励。怎样分解落实目标呢？日本著名马拉松运动员山田本一为您孩子提供了一个极佳的范本。

山田本一曾两次获得国际马拉松世界冠军。他取得如此惊人成绩的秘诀在哪里？我们可以在他的自传中找到答案："每次比赛前，我都要乘车把比赛的路线仔细地看一遍，并把沿途比较醒目的标志画下来：比如第一标志是银行，第二标志是一棵古怪的大树，第三标志是一幢高楼……这样一直画到赛程的结束。比赛开始后，我就以百米的速度奋力地向第一个目标冲去，到达第一个目标后，我又以同样的速度向第二个目标冲去。40多公里的赛程，被我分解成几个小目标，跑起来就轻松多了。如果开始我就把目标定在终点线的旗帜上，当我跑到十几公里时就疲惫不堪了，因为我被前面那遥远的路吓倒了。"

借鉴山田本一的经验，我们要引导孩子在最终目标确定后（如中考、期末考），马上把最终目标沿途上的分段小目标找出来。如孩子说"我会努力的"时，您要立即追问如何努

力"、"从哪个原来做得欠佳的方面改进"，当孩子说"我要抓紧时间"时，就要立即和其列更细的时间安排表，细化到几点几分到几点几分完成什么任务为止。

亲爱的家长，在这个阶段，请您把握这样的规律：目标和计划一具体了就深入，一细化了就有可操作性，深化的、可操作的方法、措施才能真正收到实效。

三、时常评估、反馈目标、计划的执行情况

目标和计划不能停留在孩子的嘴巴上或心中有数层面，而是要坚持让孩子说出来、写下来，让父母、老师、同学都知道，这样才有监督、鞭策作用。否则，孩子一旦产生懈怠心理或客观上有点障碍，他（她）就有可能找出各种各样的理由来安慰自己，为自己打退堂鼓。

目标和计划一旦落在纸上、挂在墙上，您的主要任务就是每天、每周、每月、每年对照具体任务、时间进行检查、评估、反馈和整改，做到一项打个五角星，达成一个目标就和孩子一起庆贺一下；反之，就要找找原因，给予适当的惩戒并要求其及时弥补。当评估过程中发现目标过高或过低，计划与实际情况出入较大时，可及时作适当调整。

在这个环节，请您借鉴一下美国西点军校200多年来的行为准则——No Excuse（没有借口）。在朝目标奋斗和执行事先商定的计划时，如果您能引领孩子一起坚守No Excuse准则，成功一定属于您和孩子！

亲爱的家长，建议您在读完这封信后，和孩子一道读读其中的一些故事和具体操作办法，再请他（她）真实地回答三个问题：

1. 我长、中、短期的目标分别是什么？有没有写下来？

2. 我围绕目标制订的具体计划有哪些？

3. 我有没有经常回过头去检查目标的达成、计划的实施情况？没完成任务我是怎么做的？

学习是一项苦中有乐的劳动。苦在实现目标的过程中需要挥洒汗水，乐在达成目标之后内心的愉悦。您和他（她）一起努力，共同追求苦中有乐的生活，值得！

祝您的孩子

心中有梦想，计划能到位，目标全实现！

潘志平

2008年9月12日

和谐
Don't trouble trouble,
till trouble troubles you
I love XHS, and
XHS loves me

英语课上，谈笑风生

指导孩子把期中测试作为学习的"加油站"

亲爱的家长：

您好！

花了两周时间，认真拜读了800多位家长的来信。我真的非常感动、激动。对您的信任和鼓励，我要代表全校师生向您说声"谢谢"；对您提出的问题和建议，我们已分门别类做了梳理和分析，将尽最大可能采取相应的措施加以解决和落实。

时间飞逝。眨眼间，期中阶段性测试将在下周三、周四举行。今天，我想跟您聊聊怎样借助这次测试，激发孩子的学习动机，不断提高学业成绩的话题。

先请您带着孩子一起读读下面的案例和分析：

前世界重量级职业拳王乔·弗雷泽，每一次赛拳之前都要在自己寝室的天花板上贴一张大字书写的"我一定能赢"的纸条，以让自己睡觉也念着这些字眼合眼，醒来时更是第一眼就能看到这句话，日夜将必胜的信念输入潜意识。弗雷泽常说："这样强制自己相信绝对能赢之后，即使出赛时受到对方强烈的拳击，只要脑海里浮现这些字眼，也就会涌上不可思议的力量来，帮助我把对方击倒。"

三踏实走过每一学年

心理学家分析，我们的大脑是一部神奇的学习思考机器，它由我们的信念操纵。我们去做某件事情时，如果自己认为这件事一定能做好，那么大脑就会积极运转，发挥它的能力，想方设法把事情做成功；反之，如果自己认为这件事无法做好或不可能完成，我们的大脑就会产生懒惰思想，停止寻找做好该事情的办法，而是去寻找解释自己为什么做不好的理由。

由上可知，充满自信，有一定能做好的信念是大脑进行高效率学习、工作的前提。您知道，学习是一项持续时间较长的艰苦的脑力劳动，没有坚定的信念支撑是难以取得成功的。因此，在影响孩子学习成绩的诸多因素中，在孩子内心建立起"我一定能够学好"、"我一定能够学得比现在好"的信念是关键。而考前考后是您支持孩子形成这种信念的最佳时机。为此，这两个星期您不妨尝试一下：

一、考试前，进一步商量明晰成功的目标

没有明确的目标，就易导致"脚踏西瓜皮，滑到哪儿算哪儿"，就不太会有"我努力就能成功"的信念和动力。

明晰目标请您和孩子重点把握三要素：1.具体化。包括每门课的分数目标、在班里所处的位置等。2.个体化。

要真正适合孩子的实际程度。跳一跳摘到的"桃子"最好吃。原本成绩优秀的要勇于冒尖，力争门门优秀，"拳头"学科出众；成绩中等的力求保持的基础上有提升，薄弱学科有突破；成绩暂时落后的，最需要您拥有"不放弃"的精神，鼓励孩子在现有基础上有提高就是大成功，牢牢树立起"我也不错的"的信念。3.书面化。把目标写下来，在每一目标栏后面留出"达成情况"栏目，成绩揭晓后及时填上。

二、考试后，与孩子共同探讨考试得失

知道成绩后，您最好不是简单地问个分数就算是关心过了，而是要努力做好分数背后的文章。

请您腾出一段时间，坐下来，静下心，让孩子拿出每一门课的试卷，仔细、耐心地把整张试卷看完，既听一听孩子考得理想的经验，更问一问失分题做错的原因。听他（她）讲一讲当时是怎么考虑填这个答案或为什么没有能做出来的原由。探讨一下这几道错题的背后是因为没有理解，该记的东西没记住，审题时关键信息没把握，还是这块知识、掌握情况整体存在不足或解题能力、解题速度欠缺。然后再有的放矢地商量详细的、可操作的改进措施，避免在下次测试或平时作

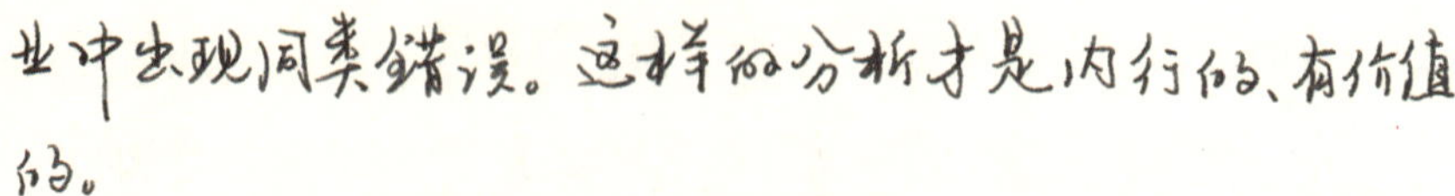

业中出现同类错误。这样的分析才是内行的、有价值的。

看完试卷后，您要根据孩子的个性特点，半个学期来的学习状态，本次测试的实际发挥情况作一客观的评价，给予有针对性的指导：

1、对成绩优秀、进步较大的孩子。您要表露出发自内心的喜悦和赞赏，充分肯定成绩，而非轻描淡写地说一句"还不错，继续努力，不要翘尾巴、骄傲自满"就过去了。您要知道他（她）能取得这个成绩付出了多少心血呢！当然，对容易自满的孩子，也有必要敲敲警钟，防止坐"过山车"。

2、对经过努力取得一定进步的孩子。您最需充分用好分数的激励功能，引领其坚定"我付出了，就有了收获。不管进步大小，我都是在前进"的信念。促进其一鼓作气，更进一步。

3、对尽管目前整体成绩还不够理想，但能保持良好的学习状态，有几门课比原来有点滴进步的孩子。您千万不要对他（她）的上进心，对他（她）的努力视而不见，对点滴进步不屑一顾，而应充满热情地对其付出的劳动和成效予以肯定，增强其自信心。

4. 对平时学习已经很用功，但这次考得欠理想的孩子。您不要再责怪、埋怨，因为孩子自己已感到自责，有较大的压力了。您可以从学习方法、习惯，从心态调节等方面帮助他（她）找找原因，寻求从某一门课突破，小步子前进的新的方法。重点要防止出现"反正我努力了也学不好"的想法。

5. 如果您的孩子属于有潜力，但现在还确实没有用功，故而未能达到应有的水平，请您和老师密切配合：从早上起床后背几个单词、句子再上学，每天运用规定时间完成作业、纠错等任务的"任务型学习"法，督促其加快学习节奏；保质保量地完成学校布置的任务的同时，另外开点"小灶"，增加点额外作业；根据其最喜欢和最讨厌的科目特点，设立奖惩项目，增强其学习动机。

三、根据实际，确立新的奋斗目标

结合期中测试的真实情况，适当调整期初制订的目标和计划，提出期末的方向、目标，既按"最近发展区"的要求，找一位实力相当，班级排位比其前面四五名的同学做好自己的标杆，组成学习合作竞赛小组，力争在下次测试中赶上或超越；又按"最优发展区"为自己定一个自己发挥到最佳水平时能追赶上的同学，作为奋力追赶的对象，咬定青山不放松。这样，至少能赢得"取乎其上，得乎其中"的状态。

亲爱的家长，每位孩子都是独立的个体，都有其自身的特点，上述建议仅供您参考选用。希望您把自己好的想法、有效的做法总结一下，考后的家长会带来交流分享，共同提高。

真心祝愿

孩子考出最佳水平！

潘志平

2007.11.1.

期末临近，暑假将至，您可以做点什么

亲爱的家长：

您好！

一个学期转眼即逝，再过三周，孩子又将迎来期末考试。怎样有效地引导孩子静下心来进入复习状态，提高复习效率，考出属于孩子应有的理想成绩？建议您从氛围和方法两个方面入手做些工作。

一是营造积极的、温馨的、让孩子静得下心来的家庭氛围

这道理似乎谁都懂，但要做到位却不容易。您不妨抓住三个关键点：

1. 积极乐观的人文氛围。人有两种与成就相关的动机：一是希望成功。它是一种追求成功或由成功带来的喜悦的积极情感倾向；二是避免失败。它是一种惟恐失败和由失败带来的烦恼的消极情感倾向。根据这一心理学原理，您和所有家庭成员要尽可能多地给予孩子鼓励关心和帮助，充分肯定他（她）的优点进步和学习上所做的努力，始终对其抱着积极、乐观的期待，说："从现在开始，我们每天一步一个脚印地复习，享受追求期末考试成功的快乐。我们要结果，但我们更要重过程。尽力了，我们就不后悔。"行动上，您和家人需多

微笑，少板脸；多具体地督促复习计划的落实，少埋怨、训斥和唠叨。这样，孩子就会在有安全感的和谐、温馨的家庭氛围中，拥有积极向上的心态，静心攻读。

2、安静宜学的物理氛围。"入静"才会"入境"。让孩子有一个能静得下心来学习的房间，有一张舒适的桌子和一条高低适合的凳子，有合适的灯光。房间里、书桌上物品摆放井然有序，赏心悦目。孩子学习时，您和家人尽量不发出干扰其学习的声音。

3、热爱读书的榜样氛围。说千道万，不如做出样子让孩子模仿。一方面，您可尽量把看书、读报等作为自己业余生活的最大爱好，把交流读书心得作为家庭的主要话题。孩子就会在全家人静心读书的氛围中，自然进入静心复习状态，模仿您学习的态度和方法。好多家长跟我讲，在父母子女共同诵读《公益人读论语》时已尝到了这方面的甜头。另一方面，尽可能多地花时间，静静地陪伴着孩子复习。特向您推荐《母亲绣出清明上河图》，希望文中母亲的精神和方法对您有启发。

二是指导科学的、可操作的，让孩子静得下心来复习的学习方法

1、把基础和规范当个宝。告诉孩子，按现在考试命

题的方向和导向看，要把期末考试（包括中考）考好，基础扎实、答题规范是个“宝”。为使孩子做到“基础扎实”，请您指导孩子把一学期来的每一个知识点、每一类练习题、每一方面的疑难点整理出来，复习过程中把该精的精出来，把疑难的问题逐个弄懂，以防止基础知识的漏洞；为使孩子做到“答题规范”，请您协助老师督促孩子读题、审题的过程中务必拿着笔，边读题边把题中的关键信息圈画出来。平时作业时就像考试一样，答题规规矩矩，一个步骤一个步骤写得清清楚楚。建议您和孩子一起读读《陈鑫：让知识点形成知识树》，一起感悟陈鑫的学习方法和“认真”劲儿。

2. 把时间和效率放心中。时间对每个孩子都是公平的，在学校的时间对所有孩子都一样有规律。从珍惜时间的角度，差距就在于孩子在家利用时间的多少。建议您今天晚上或明天，花上一二十分钟，和孩子一起制订一个具体的、可操作的期末复习计划。计划要详细到规定几点几分到几点几分做某一门学科第几节的复习整理、哪几页练习等为止。计划定了以后，没有特殊情况就需严格执行到位。另一方面，根据“注意集中→进入角色→高度兴奋→开始疲劳→注意分散”的学习过程规律，您要引导孩子走出“时间花得越多，成绩自然越好”的误区，合理安排时间和内容，一门功课复习得有点累了及时转换到另一门功课，有张有弛，以使孩子的思维始终处于活跃状态。问耕耘，更问收获！

3. 把问题和质疑当梯子。如果您的孩子时常提出一些学习上的问题，能带着问题去问老师、同学或课外辅导老师，您应感到非常高兴！因为那证明他（她）是真正静下心来在学、钻研进去了。期末复习中，您一要督促孩子把做过的题目整理一遍，把典型的错题复印、剪贴或抄写起来，让孩子重做一遍、两遍，悟一悟题，直到完全弄懂。二要在复习一个章节、一个单元后列出几个主要问题，反复质疑、探究，做一点相关的深化、拔高练习。

期末考后是长长的暑假。放暑假了，孩子自然会比较高兴，但家长您或许会感到有点压力。毕竟在接下来近两个月的时间里，孩子教育和管理的重任主要落到您的肩上了。

放假后，您首先要和孩子分析一下期末考的情况，对照一下考前定的目标有没有完成。要充分用好期末考试的成绩，发挥成绩的作用，为暑假制订学习计划，进行扬长避短、查漏补缺地学习提供客观、科学的依据，如数学弱则补数学，英语差则强英语。

暑假里，您需采取相应的措施，明确对孩子的要求，确保其安全。还需引领其规范言谈举止、修炼品性，参与社会实践，多做好事，调节心理状态，增强身体素质。

我想，您还可以好好利用这个假期，花点心思，进一步培养孩子良好的阅读习惯。因为与平时上学时间相比，暑假可以每天安排相对固定的时间，连贯地读一两本名著和一些优美的文章，比较整体、深刻地品味经典和文章的意蕴。建议您做三件事：

一、与孩子一起弄明白阅读的益处。于谦说："书卷多情似故人，晨昏忧乐每相亲。眼前直下三千字，胸次全无一点尘。"研究表明：爱书的孩子大多温柔、善良、开朗、乐观、幽默、自信、有气质、有同情心、词汇丰富、人际关系融洽、学业良好；爱读书的人精神充实、不会浮躁、举止文雅，少有野蛮和低俗之举。与好书交朋友的意义够大吧！

二、与孩子一起巧妙布置信手拈来的读书环境。住房宽敞舒适，电器齐全豪华……这当然是现代家庭富有的象征，但只是富有的初级阶段，是显性的、浅层次的。我总觉得，真正富有的家庭是家里拥有不少可以随手

拿来读的好书，更要有全家人都能静下来看点好书的好习惯，要有一种浓浓的读书氛围，这是富有的高级阶段，是有内涵的、高层次的富有。

“好书、良好的读书习惯、浓厚的读书氛围”对孩子一辈子的生活品质、对家庭的持续发展能产生深远的影响，“读书礼仪传家”是最宝贵的财富。建议您暑假一开始就抽一两个半天或晚上，带着孩子泡泡书店或图书馆，选购或借阅老师推荐的、自己喜欢的、适合的好书（有时，买书还不如借书效果好呢）。然后，购置一点必要的、精致一点的书架等，开始家庭读书环境的布置工程。当然书架上的书最重要的功能是要通过打开来读了，才能发挥出来的，所以，您家中的书不能成为摆设。

今年下半年起，我打算把平时静静地“躺”在学校图书室的书刊“流”到离学生更近的地方，在各个楼层设立开放式“图书角”，为孩子们创设随时有书可读的条件。希望您暑期家庭图书角布置工作能为学校“流动图书馆”工程的建设提供有效的经验。也盼望您家庭图书角的书能流几本到学校图书角，让更多的人分享。

三、与孩子一起进入读书状态。有位爸爸在介绍自己是如何培养孩子良好的阅读习惯时是这样说的：“我认为，在一个积极向上、乐于学习、与书为伴的家庭环境中，孩子是快乐、健康、自主、博学的。一个从小泡在书堆里的孩子，经常目睹大人津津有味读书的孩子，怎么会排斥读书呢？反之，家里几乎看不到书的影子，父母每天晚上都在麻将桌或电视机前度过，你又怎么能指望孩子热爱读书呢？”想必您已体悟到榜样垂范的能量了吧！建议您和孩子同读一本书，和孩子比一比用心的程度，读后从不同角度评析一下书中的人和事，交流一下最欣赏的词、句、段落和观点，有一举多得的效果呢！

祝您

孩子期末取得好成绩、全家阅读成为悦读！

阿潘校长 志平

2013.6.3.

和孩子一起出发，进入期末复习状态

亲爱的家长：

您好！

上周《家校连心桥》的回执中，您对我们工作的客观评价和对今后沟通话题的建议皆已收阅，对您真心参与互动表示衷心感谢！您合理的建议和意见我们将在日后的工作中采纳并努力实施。

今年的期末考试比往年来得更早了一些。怎样让您的孩子在1月15、16日的期末考试中取得理想的成绩？

先让我们来看这样一张图：

考试成绩

低压力　中等压力　高压力

0　轻微焦虑　中等焦虑　严重焦虑

焦虑程度

从左图可以看出，如果您的孩子没有压力，考试成绩会很不理想；反之，如果压力太大了，也会严重影响水平的正常发挥，所以，您首先要给孩子中等的压力。

一、怎样给孩子适当的压力呢？

1、画一张具体的可操作的目标示意图。期末考试是终极目标，各门学科的分数和在本班所处的位置是具体目标，每个星期要完成的复习任务是分段目标。

例如，12月21日～27日，在一边上新课、一边完成老师布置的作业的同时，您孩子计划复习语、数、外、科、社的哪几个章节，归纳梳理哪几块知识点，背诵默写哪些诗词篇章、单词课文、概念定理，补充做哪几页有针对性的巩固练习……在这张目标示意图上，一定有某一天某一个时间点的复习任务，最后一栏为"目标完成情况"。这样，在任务的引导下，就易做到方向明、路径清，既有压力，又不慌张。

2、添一些符合您孩子实际的练习和问题。复习一般有三轮，第一轮为全面复习。您可指导孩子用"编目学习法"，把每个章节、每个知识点的主要内容以目录的方式一层一层展开，罗列出来，这样，您的孩子就将本学期所学的内容全面、系统地梳理了一遍。然后，将知识点分为三类：a、已熟练掌握的；b 初步掌握但不够熟悉，容易出错的；c、没有掌握的。复习时，a 类可基本不要再花时间，如"lesson"这个单词已经记得滚瓜烂熟了，那就看也不要去再看一眼，更不需要去读几遍了；b 类是重点，一定要全力解决；c 类量力解决。

对于孩子的优势学科，请孩子补充一些难一点的"挑战题"，以发挥"拳头产品"的优势，为总分作贡献；而对于孩子的薄弱学科，您应鼓励孩子要有"哪壶不开提哪壶"的精神，避熟就生，每天提出一两个问题，随时到老师或同学处问清楚、弄明白，再选几道同类型的题目做一做。这样，既能给孩子一定要想办法把薄弱点弄懂、把表科进一步拉长的压力，又帮助孩子掌握了具体可行的方法。

另外，每个孩子承受压力的能力不同，对您的孩子而言，什么程度的压力是合适的，需要您根据孩子的具体情况认真分析后做出判断，一旦发现判断有误，施加的压力过大了或过小了，要及时调整。

二、怎样帮助孩子做到"会做的题目一分都不丢"？

考试中最可惜的莫过于自己有把握的题目做错了，或者是送分题（绝大多数的同学都能做对的题）失分了。把会做的每一道题目都答完整，把应该拿到的分数全部拿下是您需和老师、孩子一起下功夫的地方。

1．现在的高考、中考总体命题方向是趋于简单的，但又有点灵活的（主要是把基础知识应用于生活实际）。所以，在期末复习中，首要的任务是踏踏实实地把每一个知识点、每一道典型例题、每一块需背需记的内容、每一方面的疑难点都真正落实到位。

您要花点时间、精力和孩子一起背记，及时检查，并督促孩子订正。也可以请孩子把知识点讲给您听，默写给您批。今天，我已请各备课组的老师将基础知识、框架、要求整理出来，接下来的两个星期内陆续地发给孩子，您需督促孩子，检查孩子的掌握、达成情况，堵住漏洞，不留死角。这项需一对一完成的工作，老师无法做到哦！

2、对比较粗心、随意的孩子，您一可写“严谨”两字贴在其书桌上；二是在他（她）做作业时一定要要求其在题目上圈画关键信息；三要盯住其作业和试卷的错题不放；四是要其答题时一定得严格按规范格式，该写的一步都不要省；五是根据实际有的放矢，每天练习基础计算题。

三、怎样帮助孩子做到“牢牢抓住学习的每一分钟”？

期末复习了，作业量肯定会比平时大一些，学习要求也会高一些，当孩子有怨言时，您可千万不要帮腔哦！

您可这样鼓励他（她）：“相信你一定能克服这点困难的，班里同学都做到了，你一定也能做到！”当然，比抓住每一分钟复习更重要的是：静下心来，按具体、详细的计划，书桌上放个小闹钟，让每一分钟都能发挥效率，做掉该做的复习内容。

对于实在难以静心复习的孩子来说，最有效的方法是：您做一个月他（她）的同桌，陪在其身边复习。

根据我30多年来对不同类型学生的学习习惯、学习效果的观察和分析，发现学习成绩优秀或进步较大的学生的共同点是：学习上非常专注，在有板有眼落实每一个知识点，吃透基本概念、定理的基础上，循序渐进地钻研一些符合自己实际能力的题目。孩子能否减少浮躁、静得下心来复习是能否取得属于自己的满意成绩的核心要素。

有了想法是前提，开始行动是关键。怎么样？今晚出发，进入状态！

预祝您的孩子

期末取得自己满意的成绩！

阿潘校长 志平

2013、12、20、

寒假需要做好的三篇文章

亲爱的家长：

您好！

1050名公益师生向您拜早年喽！祝您全家牛年快快乐乐，幸福安康！

这一年，是我校在稳定中得到快速发展的一年。公益人心往一处想、劲往一处使，心顺气畅劲足，取得了规模数量和效益质量的双丰收。一系列实打实的成绩昭示着公益中学在"优良质量—优秀生源—优质品牌—更优质量"的良性循环的轨道上又迈出了坚实的一大步！"军功章里有您的一半"，真诚地向您道一声"谢谢"！

紧张忙碌一学期后，您孩子将在您身边度过三个星期。寒假生活怎么过？建议您带着孩子做好三篇文章：

一是做好期末成绩分析的文章。

大凡每次考试的成绩都是"有人欢喜有人忧"。无论您孩子这次期末考考得怎么样，成绩已成"过去时"。今天，您需要做的是和孩子一起，就下面几个方面作一个深度分析：1.与自己比、与相接近的同学比，总分、每科成绩的满意程度；2.孩子学习的勤奋、刻苦程度；3.学习态度和方法；4.每道题的失分情况、失分原因。分析时要尽量做到平心静气，成绩理想的不浮躁，成绩欠佳的不急躁。

然后，花点心思和孩子反思一下：1、考得不错的经验有哪几条。如养成了有效预习的好习惯，上课注意力集中，听讲很专注，积极参与讨论、回答问题，及时把疑难点记录在专用本子上，不懂马上问，不留"欠账"等。2、没有发挥出应有水平的原因在哪里。如没有真正静下心来把精力用在学习上，花的时间不够，满足于一知半解——好像懂了，其实没有真正弄懂，解题速度太慢，题目没有审清，简单的计算错误等。3、今后怎样发扬成绩，坚持有效的方法；克服不足，弥补薄弱的环节。

在深化分析的过程中，请您和孩子一起拿起笔，把上述三个方面的总结、反思写下来，作为今后学习过程中需要扬长避短的宝贵财富加以利用。我的经验是：这比做几道题目或一两张讲义更重要、更具实效。因为做题好比是"埋头拉车"，而分析反思则是"抬头看路"，找准方向，走上正确的道路的时间当然值得花。

二是做好学业上查漏补缺的文章。

可能您或您的孩子会说："放假了，就不要老提学业了，好不好？！"我完全理解您的心情，也很想让孩子们轻轻松松、痛痛快快地玩一个寒假。但现实的大背景是，我们生活在这样一个充满竞争的社会，谁都无法逃避中考、高考等各种各样的挑战，与其消极、被动地去接受，还不如开开心心、积极主动地来应对，对吗？

寒假的功能之一是休息、运动、调整好身心状态，以积蓄精力投入新学期的学习。多睡一点、参加一些适量的健康的娱乐活动无可厚非。但在放松、休闲的同时，绝不能把学习抛在脑后。寒假一开始，就建议您与孩子一起按照"先紧后宽"的原则，制订一张合理的"寒假学习、生活安排一览表"，张贴在客厅，让孩子娱乐休闲与复习功课交叉进行。玩的时候尽兴地玩，学的时候静心地学，保质保量地完成寒假作业。

每位孩子的学习情况不一样，完成老师布置的作业是底线要求。如能在保住这个底的基础上，引导孩子做些学业上的"雪中送炭"——对薄弱学科或某学科比较薄弱的章节进行查漏补缺；或"锦上添花"——对优势学科进行拓展、深化，使之成为自己的"拳头学科"，那您和孩子的这个寒假就显得非常精彩了！

按照我带女儿的经验体会，利用假期开展"雪中送炭"的工作是最有价值的事了！因为平时上新课时，每天都在忙上学、作业，很难有比较集中的自由支配的时间。而假期里，可以买点资料、请位老师对自己"软肋"部分的知识、能力进行重点强化，集中精力，抓住一门功课或某一薄弱点进行轰炸，扫清障碍，赶走"拦路虎"，从此不再看到这门功课就害怕，考试时碰到这个薄弱点就皱眉。信心来了，整体成绩就蹭蹭蹭地上升了。（具体做法在《孩子学习上遇到困难怎么办》那封信里有详细介绍）

三是做好亲情感恩的文章。

亲情是有效家庭教育的根，因为您和孩子的关系决定着其是否能发自内心地听您的话。您要尽可能多地和孩子一起下下棋、打打球、散散步、读读书，敞开心扉地和孩子一起聊聊天、探讨探讨各种各样的问题，尽您所能减少代沟，消除隔阂，达到心与心相融相生。

心怀感恩是一个人最重要的品质之一。懂得感恩的人才有孝心，才有责任心。说心里话，我最看得起、最能从心底里佩服的是对父母长辈很有孝心、对他人知恩图报的人。

在今天的学生大会上，我特别强调要求孩子春节期间在待人接物、言谈举止上要热情大方，做"温良恭谦让"的谦谦君子、大家闺秀。为人处事上要富有人情味，真心地对父母长辈、亲朋好友、老师同学的付出、关爱致谢，认真地完成亲情作业：为长辈泡一杯热腾腾的茶，为长辈捶捶背、揉揉肩、洗洗脚，给长辈写一段心里话（可自制一张贺卡），写一篇亲情、感恩日记、散文（开学时要组织评比赛）。真心期盼得到您的积极响应，督促孩子完成这些特殊但很有意义的“作业”。这些作业有利于帮助孩子克服自私任性、忘恩负义、冷漠等不良品质和个性。您还可以引导孩子心胸更宽广一些，感谢那些曾对自己成长有过阻碍和负面影响的人，因为也许正是他们给了您孩子志气、勇气和动力，推动他（她）取得了现在的成绩。

恭祝您和孩子

开开心心、快快乐乐、健康美满！

潘志平

2009年1月20日

天目山五世同堂银杏树

就要放假了，阿潘建议您做五件事

亲爱的家长：

您好！

2013年，公益人过得很充实，也很有成就。搬入新校区，各项工作顺顺当当，教育教学质量不但没有受任何影响，反而又跃上了一个新的台阶。这次区期末统一测试，我们三个年级的成绩都很棒！真心感谢您的理解、支持和配合！

寒假里，在孩子教育方面，您需做点什么呢？

一要利用孩子呆在您身边的机会，享受天伦之乐的同时，做好规矩和感恩的文章。

首先得有规矩，让孩子听家长的话。我们读《论语》的公益人都懂得长幼有序的道理。百善孝为先，孝顺孝顺，顺了才算孝，没大没小，动不动顶撞家长的孩子是缺乏孝心的。阿潘反反复复跟孩子们说：“不尊重他人叫缺乏涵养，不尊敬长辈则是没有德性了（当然，无原则的愚孝例外）。”今天的休业式上我特别强调了这一点：请同学们回到家中，一定要听爸爸妈妈的话，有情绪、有想法都可以，但要注意在合适的场合、用合适的方式表达。寒假是做规矩、培养做人好品性的好机会。所以，建议您要尊重孩子，但切不可太宠着孩子，该让孩子做到的决不含糊。

其次要懂得把感恩表达出来。大年三十要做好我们公益孩子的传统保留节目：一是吃年夜饭时，端着饮料杯，走到每一位长辈面前，毕恭毕敬地鞠个躬，然后眼睛看着长辈，响亮地说一声"谢谢您"，再根据每个人的年龄、职业等说一句祝福的话语；二是吃完团圆饭后，请在场的每一位说说"我的心里话"。启发孩子想一想一年来最值得感谢的是谁，让孩子发自内心地充分表达感激之情。还可以和孩子一起收看《感动中国》颁奖典礼等感人的电视节目。您可别小看这些仪式，因为内容是要形式来表达的。

三是巩固这学期已开展的几项生活实践成果，参与去银行存学费的生活实践。让孩子进一步巩固和保持"换灯泡、套被套、我的房间（物品）我整理"等生活实践活动。生活的有序性将促进学习，还会深深影响孩子一辈子的生活品质呢！

跟孩子讲解去银行办理存取款手续的程序方法，缴纳下学期学费的任务和存放压岁钱的工作请孩子自己去完成。这是让孩子融入社会的一种很好的锻炼方式，您可要避免因省心、怕麻烦、不放

心等想法和做法哦！

三是指导孩子合理安排时间，学会享受，不忘学习。

凡事预则立，不预则废。请您和孩子一起，按照前紧后宽、老师布置的“规定动作”和根据自己实际的“自选动作”相结合的两大原则，制作一张比较精致的《寒假生活日计划》贴在客厅，每天对照执行。请您注意，坚持不懈地“执行计划”是重点，也是难点。有计划并严格按计划执行，就能避免开学前三四天突击赶写作业的情况哦！

放假了，有了一定的闲暇时间。请您和孩子约法三章，上网、看电视、看课外书、游戏、外出游玩等，务必把握时间的度和活动的量，并注意内容的健康向上和活动的安全。过年了，有了丰富的物质生活，请您引导孩子不可挥霍浪费，避免暴饮暴食，体会眼前幸福生活的来之不易。

一学期大容量、快节奏的学习，需要孩子在寒假进一步消化和查漏补缺，也需要利用寒假拓展提升，把一学期的知识系统化、网络化，以达到真正牢固掌握知识的目的。同时，要保持孩子认真学习的好习惯，以确保开学后的学习效率。在完成规定作业的前提下，请您带着孩子读一本经典名著和我们的校本教材《公益人读论语》。我今天给您的亲笔信《怎样帮助孩子掌握良好的学习方法》是应许多家长的要求而写的，请您和孩子一起认真读读，并有的放矢地指导孩子找到适合自己的学习方法。

另外，这个寒假里，敬请您也做两份作业，开学时让孩子带来交给班主任：

1. 成功的经验通过总结、反思、分享有助于帮助我们获得更大的成功。请您回顾一下这一年或这学期在培养、教育孩子上，比较有效的一两种做法（当然也可分析一下存在的问题和不足），把它写下来，为自己的用心和成效点个"赞"，这既能让我们体验到见证孩子成长的快乐，也是培养孩子过程中的一个重要环节。

2. 什么是幸福？幸福是人自己内心的一种感觉。很多时候，幸福是通过讲快乐的故事来传递的。请您回想一下，孩子来公益中学学习后，您所遇到的最开心的一两件事，并写下来。开学后，我们将组织"快乐公益人"好故事评比活动，并把家长、学生、老师的好故事编印成《快乐的公益人》一书，送给公益的每一位孩子及家长。

请您在做这两份作业，在写经验、故事的时候，一定要真实、具体，少讲大道理，更不要到网上下载他人的东西。如果您不太擅长写文章，可以通过您口头讲故事、谈体会，让您的孩子把您的话记下来的方式完成这两项作业。这也是很好的一次亲子合作活动哦！

祝您

阖家幸福、安康！

阿潘校长 志平

2014年1月23日

四 智慧应对升学季

他是一位校长，陪伴无数学生打赢中考这一仗；他也是一位父亲，陪着女儿走过中考、高考，最终见证女儿进入心仪学府。阿潘将以亲身经历为您揭秘如何智慧应对升学季：初三的寒假，中考前一个月，中考前10天、最后两天、考试当天，为了帮助孩子夺得中考的最后胜利，您该做些什么？

我这样帮助女儿选择初中、高中、大学

亲爱的家长：

您好！

人的一生，是一个不断在做选择题的过程。小学毕业选初中，初中毕业选高中，高中毕业选大学……这些年来，我已帮助女儿完成了四次选择。

第一次选择 上哪所初中？

2006年上半年，女儿即将从临安市石镜小学毕业。我为面临"小升初"的她提供了四个选项：参加杭州外国语学校考试（那时，杭外向全省招生），留在临安锦城四中，去富阳永兴中学，到杭州公益中学。"五一"节参加杭外测试未能如愿，我即抽闲去永兴中学呆了一天。这一天内，我走进永兴的教室、寝室和校园的各个角落，用眼睛看，看硬件设施设备，看文化布置，看管理的细节；走近学校领导和老师员工，用耳朵听，听学生、领导、老师的介绍，从他们的话语中捕捉学校办学理念、管理文化、校园人际关系、各类活动、作业量……随后，用同样的方法对公益中学进行了实地考察。接下来，带着她分别参加了永兴中学、公益中学的入学测试。没过多久，两所学校均来电通知她已被录取，并许以一等奖学金的奖励。

到底去哪所初中就读呢？应该说，四中、永兴、公益三所学校各有优势，也都有不足。比如，四中路近人熟但可能容易产生优越感，永兴生源好但班级人数有点多，公益身处都市但校舍条件欠佳……一天晚饭后，我们一家三口召开了家庭会议，拿出纸和笔，边聊边把三所学校的优点列在左半边，不足写在右半边。

在陈述完各自的观点后，我非常认真地看着女儿，笑眯眯地说："OK，现在，你将面临求学道路上的第一次选择。三所学校中选哪所由你自己定，你要考虑我们的分析意见和建议，但主要是根据你内心的意愿。但是，有一点我们必须有言在先：你得为自己的选择承担责任。三选一，只能是一，选择了这所学校，你必须在那完成初中三年的学习，没有后悔药可吃哦！"见我这么认真，她也吃到了分量，又和我们探讨了一番，问了她担心的一些问题及其解决的办法，说了她选择学校主要考虑的因素，最后决定：读公益中学！

第二次选择　读杭二中还是学军中学？

2009年上半年，女儿迎来了她的第二次选择。按照成绩，她可以选择杭城的任何一所重高。怎么选？当时她正处于复习最紧张的时候，择高中的前期工作自然落到了我的头上。

第一步，我浏览了每所重高的网页，对学校的概况、特色、风格作了大致了解，心中确定了基本意向：杭二中或学军中学。

第二步，请教了三位真正了解杭城重高优势的业内人士。他们给我的答案是：两所学校都绝对没问题，关键是哪一所更符合你女儿的特点。一天放学后，我带着女儿去拜访了一位重高校长，请其和女儿聊了聊，然后请其从旁观者的角度给女儿提出了参考意见。

当时，我们选择高中的主要依据有三个方面：一是学校的风格（知彼），二是女儿的个性和学习特点（知己），三是我自己的一点小算盘：最好能不住校，再让女儿在身边呆三年，享受亲情！因为上大学后，父女、母女天天见面已是奢望了！

第三步，我和女儿去了心中认为更加适合的学军中学实地考察。我们是在很平常的一个晚上去的（常态下才能看到学校真实的东西）。门卫听了我们的想法后，非常热情地把我们领到了校园里。走到教学楼，只见教室里坐满了学生，却是出奇的安静。从窗外看进去，学生们个个都在埋头看书或奋笔疾书；走到行

政楼下，只见校长、书记正与几位老师在轻声交谈……校园面积不大，但这些细节让这个校园的形象高大了起来。

当天晚上，我们开了家庭会，一致决定：就报学军中学！这一次，我们只是参观了这么一所学校。

第三次选择 读文科还是理科？

到了高一下学期末，女儿又面临文理分科的选择了。这是我们分歧最大的一次选择。她要读理科，我想让她读文科。我的理由是：文科是她的强项，如较强的口头、笔头表达能力，开朗、大气的性格等；作为理科不是太冒尖的女孩子，我希望多看些文学类的书，而不是天天做题或者泡在实验室。

怎样解决分歧，确定读文还是读理？在我感到自己无法说服女儿的时候，做了两件事：

第一件事，请北师大沃建中教授给她做了一个脑AT心理测试，对她的学习潜能、目前的学习状态、日后的职业走向等作了全面的评估、分析和指导。因为读文读理在较大程度上决定着其今后的职业选择，这个测试结果可以作为选文选理的重要依据。

第二件事，请我的学生徐华军（在浙江科技学院招生处工作）做了些功课后，我们两家人找了个茶室坐下来。徐华军把近三年全国主要高校在浙江有招生的文理科录取分数、名次等列了几张表，重点是对比较适合我女儿的学校和文科专业做了详细的介绍。我们边吃边聊，原本在脑子里比较模糊的高校和高校招生录取办法渐渐清晰起来……

一次测试加一次喝茶帮助我们统一了思想。在文理分科意向表上，女儿愉快地在"文科"一栏下打了个钩。

第四次选择 读大学是选城市还是选学校？

转眼就到了高三第一学期的尾声。近几年来，高考的前奏是各大高校的自主招生报名和考试。自主招生报名的资格分为校荐和自荐两类。校荐是孩子在读的高中根据成绩、个人意向把高校分配的名额安排给学生；自荐则是学生自己浏览各相关高校网站，根据要求填写表格，向准备报考的学校进行自我推荐，待审核通过后参加自主招生的考试。

大概是在12月的一个晚上吧，在我去学校接女儿回来的路上，坐在后排的她跟我说："老爸，你今晚回去帮我上南京大学和华东师大的招生网去看看，我想自荐报一下南大和华师大的中文系。"我当时一下子愣住了！

"咦，我们不是一直在说报考中国传媒的么？怎么突然想到报南大和华师大了？"我问。后来，她慢慢向我道出了原委：他们几位比较要好的同学都约好了，读大学一不想在杭州，二不想过长江。原来，他们选大学首先考虑的是城市，然后才是学校。在跟我提出之前，她实际上自己已经了解了许多信息，因为为了说服我，她告诉我这两所学校的特点，中文专业在全国排名情况。

说实在的，对于高校了解的广度和深度，我确实不如女儿。她比我拥有更有优势的"圈"和"群"。再说，女儿已经在学校的"成人礼"上宣誓过了，是该把更多的选择权交到她手里的时候了。

我们当时校荐了一所大学，自荐了南京大学和华东师大。在最快的时间内完成申请工作后，我要求女儿把精力马上投入到文化课学习上。我们定的基调是：自主招生只是当作一次机会，主要的任务是立足高考，因为凭实力考出好分数上大学才是硬道理。

在参加自主招生考试的过程中，有三个惊险也很有意思的故事值得与您分享一下：

<u>第一个故事</u>：被校荐的那所大学失去了考试机会。该大学要求按照网上通知缴100元报名费，而我们把

表格寄出后，认为会接到电话或短信通知的，没有去关注该校的网站。结果，到了临考前才得知没有缴费就不得参加考试，所以，您可要吸取我们的教训哦！

第二个故事：南京大学和华东师大安排在同一天考试。那天，南大的考场设在工商大学，华师大的考场则在学军中学。早上出门前，女儿手里拿着两张准考证，还没有决定用哪一张呢！汽车发动时，我问女儿："我这个驾驶员今天的目的地是哪儿啊？""反正两所学校的中文专业排名都蛮靠前面，任选一所都可以。"她答。我说："那好吧，做生不如做熟，反正每天我都是把你送到学军门口，今天也就熟门熟路照常吧！"

第三个故事：去华师大面试的路上堵得令人心焦。笔试通过后，要去华东师大面试。我们是面试当天早上从杭州出发的，没有想到一进上海城，路上那个堵啊！原先预计的时间根本不够用！面试时间一分钟一分钟逼近，在学校等候的朋友又是电话又是短信一个劲地催，可是，路上的车简直比乌龟爬还慢！真的是急死我们了。好在最后是有惊无险，在面试开始前匆匆赶到学校。今后遇到这类大事一定得充分考虑到各种可能的因素啊！

亲爱的家长，在陪伴孩子前行的道路上，可能您也会帮助其做出一个又一个的选择。所以，我把帮助女儿完成四次选择的经历详细地向您作了介绍，但愿对您有所启发。

在帮女儿完成四次选择后，我有6点体会与您分享：

1.在正式决定选项前做足功课。选择的功夫在决定前。

2.家长要有主见，为孩子提供有理有据的参考意见。因为家长是过来人，有比较丰富的经验和阅历，所以不能把担子一下子压在稚嫩的孩子肩上，让他们作选择决定。

3.家长给的意见和建议理由要充分。关键是要在了解孩子实际情况的基础上，根据孩子的个性特长说理由。要避免把世俗的、他人的东西套用在自己孩子身上。千万不要不顾孩子感受生硬地压下去。

4.自己难以说服孩子时，要善于借助外力。

5.最终的决定要由孩子拍板，让他（她）自己说出来或写下来。否则，您的一次决定也许会成为他（她）三年甚至一辈子找借口的最好理由。稍微遇到点困难或挫折时，他（她）可能就会脱口而出："都是你（们），当时要我上这所学校……"一句话就把您噎住。

6.一旦作出决定就不再折腾。对于择校而言，这山望着那山高，永远不可能到达最高的那座山。因为一般情况下，一位孩子在某一个阶段都只能是选择其中的某一所学校。选择了某所学校就要对选择负责。孩子每天乐呵呵地去上其自己决定的学校，在这所学校里过得很开心，那就比什么都强！您说对吗？

祝您和孩子

每一次都能用心地把选择题做好！

阿潘校长 志平笔

2013年12月30日晚

中考第二名的启示
——怎样陪伴孩子过好初三

亲爱的家长：

您好！

您的孩子害怕考试吗？他(她)愿意放弃保送接受中考的洗礼和挑战吗？

人的一生要经历无数次的考试，以怎样的态度参加考试决定了成绩的好坏乃至一辈子成就的大小。您怎样有效地引导孩子积极面对一场场考试？请您带着孩子一起来分享一下他(她)的学姐方睿的一些心里话：

“作为一个刚刚从中考的‘魔掌’中逃出来的新高一学生，我深刻地意识到，中考虽是魔掌，但是没有被它折磨过的人生是不完整的。曾经我无数次问自己：为了中考累整整三年，到底值不值得？从踏入考场那一刻，我就回答自己：值得！不是为了分数，不是为了结果的胜败，和学科成绩、文化知识无关，只是单纯地，有一种接受挑战的满足感和成就感。中考并不是洪水猛兽，也没有‘黑色六月’之说。事实上，中考就像我们会操时接受首长检阅一样，为的是检阅见证我们成长三年后已经足够坚强，能够主动接受挑战，享受挑战。

"初中三年我最引以为傲的是两件事。

"第一件，是我体育中考前的拼搏。隔两天就测一次800米；每天练习长跑，最多一天跑了20圈；一天做三次仰卧起坐；就连大年三十，也为了完成体育作业而连续跳绳1500下。那段时间，自己简直变成了"铁人"。所以到现在，每次路过我们的中考考点时，回忆的不全是6月12、13日那两天，更多的是早在3月的体育中考。570分里的30分，拿得不容易，所以拿得刻骨铭心！因为这30分里，每一分都代表着坚强。

"第二件，是我放弃保送，选择中考。曾被质问过，被怀疑的眼神打量过。有人认为我是为了状元的高帽子，有人认为是学校强迫我选择中考，有人觉得我傻，我从未与其辩驳。但是今天，我很认真地告诉大家：只是为了对得起自己的三年。人之所以称之为人，是因为人类有自己的思想与梦想。无论是新初一的同学，刚从懵懂中迈出第一步；还是新初三的同学，即将面对人生第一次选择，相信都有自己的一个梦。所以我选择中考，来检阅自己追求卓越的梦想。并且，我想告诉大家，为母校争光，并不是一件在很多同学看来很世俗的事，这是一种回报，简单地说，这就是感恩。

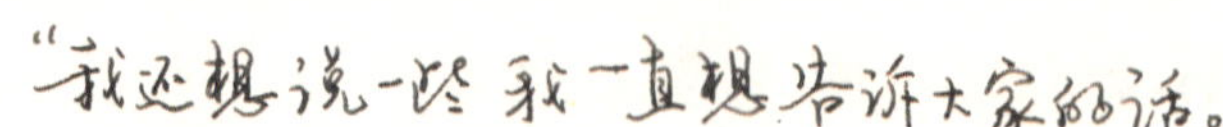

“我还想说一些我一直想告诉大家的话。

“首先，请同学们相信老师。回顾我初中的三年，除了我自身的努力外，更多得益于老师的付出。所以，无论何时何地，大家要相信，你们的教师团队是最优秀的，彼此的默契和信任，是抵挡风雨最坚硬的盾牌。

“其次，请同学们享受生活，少一些抱怨。你们一定要相信，初中三年是幸福的。我们在军训的最后一天，顶着烈日站军姿时教官对我们说，这也许是最后一次站军姿了，所以要享受它。乍一听，这句话很好笑，但当我们仔细思考后，没有人再偷偷抱怨、偷懒。享受挑战，享受追求，享受充实感，带着阳光和朝气。

“还有，要心怀梦想！特别是初三的同学，我们每个人都是追梦者，在这个新的起点，建议大家把从远到近的目标都制定下来，为自己的努力确定好正确的方向。

“最后一点，希望大家有更长远的打算。初一、初二的同学，你们现在就可以抓紧体育锻炼，既为学习提供了良好的身体保障，又可以减少初三时太大的训练压力。初三的同学，不要停留于老师教的知识，要自己学会拓展，真正的高手具有对知识强烈的渴望和强大的自学能力。”

方睿同学是我校2011届毕业生。中考时，她以语文110、数学114、英语114、科学176、体育30，总分544名列杭州市中考第二名的成绩考入杭二中。高中三年已跃居至第一名，现已被北大预录取。方睿不但书读得好，乒乓球打得好，古筝十级，书法也很棒。她与您的孩子是同龄人，她是个普通的孩子，在其成长道路上有和您孩子相似的快乐、幸福，也有辛苦、烦恼和不足。她爸爸妈妈对她培养有规矩，更多的是用心。她不属于天资特别冒尖的孩子，但在家长和老师的引领下，她乐观、自信、执着、扎实、坚强，追求卓越。

上面那段话是方睿同学在我校2011学年第一学期开学典礼上的发言。从她平实的话语中，您和孩子悟到了什么？我觉得，之所以她能比一般同学出色，主要是因为她能够乐观大气地接受挑战，享受参加中考拼搏带来的满足感和成就感。

中考是您孩子人生旅途中的第一次挑战。现在离中考还有五个半月的时间，还有许多事可以做。如果您能引领孩子像方睿一样接受挑战，享受中考，不管孩子成绩如何，您都会以积极乐观的态度和实实在在的行动，不仅仅为了分数和结果，而是让孩子经历这个很有价值的过程。

怎样科学有效地陪伴孩子经历这个过程，顺利度过初三拼搏期？下面六点建议供您参考。

一、了解、认识中考的方法和趋势

中考考的是学生，同时也在考家长、老师，所以需要一道参与。中考考的是知识、能力，同时也在考孩子初三的状态和进入考试后的心态，特别是对焦虑不足（到现在还抱着无所谓态度）或者焦虑过度的孩子更是如此。

杭州市目前的中考分两段考：先考体育，再考文化课。自己孩子体育考哪三个项目应该定下来了。不要今天打算考这项，过几天又想去考另一项。初三了，最要不得的是瞎折腾。定下来之后就坚持练，像方睿一样，大年三十都不停。练体育是为了考试，其实也是为初三学习提供身体保障，这一点方睿也说过她的体会。文化课语文、数学、英语各为120分，科学180分，社会也会起一定作用。

中考招生主要分三类：自主招生、保送、考试。自主招生是由重高根据学校特色确定的，有个性特长的孩子，家长现在可以开始与相应重高对接的行动了。保送是把每一次期末考成绩按照不同的比例，折算出文化课分数，再加上各类获奖加分，算出总分而定。我们大部分的孩子应立足于考试。除这三类外，还有职高直升等。

现在的试题总的有两种趋势：趋于灵活，趋于简单。

趋于灵活主要体现在与社会和生活实际相结合。所以您可常看报纸，关注雾霾这类社会热点及日常生活现象，把相关信息剪贴、复印，让孩子阅读、讨论。趋向简单就是说现在的中考、高考比较注重基础，偏、难、生题越来越少。因此，不要老让孩子去钻难题。

二、让孩子心中有学校，行动有动力

您可以带孩子到其心仪的高中走一下。有这样一个具体的目标，孩子的学习就比较有动力。不断提醒孩子告诉自己："我最后五个多月这样拼搏，就是要冲进那扇大门的！"否则，目标模糊，很难产生动力。这个学校最好是他(她)跳一跳能够得到的。

三、让孩子胸中有计划，脚下有行动

有了目标，还要有详尽的计划，一般有三轮：

第一轮：顺流而下抓全面。根据中考纲要，把每门学科的N个考点，一点一点复习过去，把整个知识体系连起来。这一轮复习要面面俱到。您得督促、检查孩子做好笔记，最理想是能讲给您听一遍。

第二轮：走走停停抓突破。按中考试卷的结构分专题进行复习，如基础部分、阅读部分……哪一块为重点、薄弱点，就马上组织力量进行攻击、堵住漏洞。

第三轮：逆流而上抓综合。运用历年中考卷，开始做综合性强的试卷。试卷考完后作剖析分解，哪块弱、哪个知识点、考点有问题就重点突破。

如果您的孩子计算能力没过关，算得不快或常出现计算错误，您从今天起就让其日练20题四则运算。计划的核心在于行动，现在就开始做，永远都不会迟。不做，再好的计划和想法都是空的。

四、让孩子时时很温馨，处处有关心

初三学习任务越来越重了，您一定要给孩子安排个相对安静宜读书的环境。进入复习阶段了，资料讲义会比较多，您最好买一盒长尾夹和一个四层书架，让孩子把讲义、书本分层、分学科摆放，免得他(她)找一张数学试卷要花一二十分钟，一来浪费时间，二来很烦心。

要让孩子的话有时间和地方说。我体会很深的是我女儿读高三时，每天去接她时，在车上她会嘀嘀咕咕跟我说这道那。您想，每天在车上这个小空间里聊上15—20分钟，效果多好啊！

初三复习过程中碰到难点和薄弱点时，您一定得立马找人给孩子辅导。记得我女儿初三的这个时候，最怕的就是圆和函数结合在一起的大题。我找了一位数学老师，一对一地辅导，做了一二十题同类型题目后她就豁然开朗了。她特开心。我现在回味起来也挺有成就感的。

五、让孩子做题，但不死做题、做死题

到了初三复习阶段，作业多些是必然的。多练题一是为了巩固，二是为了拓展，三是为了速度。但是，您最好跟上老师的节奏和题量，外加的资料要选择好，避免整天埋在作业里，没有整理、悟题的时间。

复习阶段，孩子的错题本和问题本是比什么专家编的资料都更有价值的资源。您可帮助孩子复印、剪贴错题，提醒孩子把学习中碰到的问题记在"问题本"上，一周一清。明年中考前多看什么资料？就看这五个多月的错题本和问题本。

六、让孩子有初三的范儿，但不要太初三

初三的范儿就是有紧迫感，有拼搏劲，精力集中，斗志昂扬。当然，切不可只顾学习，把思想、规范、卫生、纪律抛诸脑后。

效率、效果是硬道理。时间对每个人来说是公平的，而且是个恒数，您不但要关心孩子有没有坐下来读，更要关注其读了什么、读得怎么样，要在乎学习的每一分钟。

初三了，还得学习一些调节和放松的方法。我校有一位陈同学，今年6月中考的前一天晚上没睡好，考试当天早餐吃了一点点就呕吐。临考前一小时，她妈妈非常着急地来找我。我看陈同学脸色确实不太好，就轻声对她说："不紧张，一定没事的！来，跟我一起做下我们在'中考八大招'里讲过、练过的放松操。"我让她使出吃奶的力气捏紧我的手，然后慢慢地自然地松开，七八个回合下来，她感觉舒服多了，脸色也恢复正常，慢慢红润起来。看着她步履轻松地走进考场，我感觉她会发挥得不错，因为心中的疙瘩解开了，担心、焦虑放下了。果然，第一场语文她就旗开得胜，考了113分。后面几场都按要求放松后进考场，最终以535分的高分考取了心仪的学军中学。

心态在一定程度上是考试中起决定性作用的因素之一。考试前、考试中做放松操效果不错。放松操需现在开始有意识地练练。如深呼吸就是：用力吸气鼓起肚子，也可伸展双手，深深地用鼻吸气，直到不能再吸入空气为止；将吸入的气憋气几秒钟；缓缓地、缓缓地呼气，把气从腹部、肺脏、气管、喉头吐放出来。提肛法：吸气时，肛门用力内吸上提，紧缩肛门；呼气时，持续一两秒钟后自然地慢慢地放松。这种方法坐、站都可以做，考场内外都适合。有节律地、凝心静气做几次后，人一下子就会放松，精神也会振作起来。另外还有紧握拳、冥想、按摩内关穴等放松方法。

初三了，适度紧张是必须的，否则就不可能有初三的状态；但过度焦虑是有害的，无论是成绩一贯优秀、成绩一般的孩子都有可能出现焦虑过度、担心考不好而影响水平正常发挥的情况。怎样帮助孩子把握好这个度，是您我未来五个多月的一项重要任务哦！

祝您带着孩子

接受挑战，一马当先，马到成功！

阿潘校长 志平

2012年12月21日

从小盛同学体育中考拿满分想到的

亲爱的家长：

您好！

这封信中，我要先向您介绍一位同学，她叫盛秋信，是我校2012届的毕业生。

记得我第一次看到她时，感觉她的个子真的好小。已经读初一的她就像小学三四年级的学生似的。没想到她“人小志气大”，学习上有一股韧劲，成绩一直保持领先不说，最让我难以置信的是，她体育中考居然第一次就拿到了30分满分的好成绩。

之所以难以置信，是因为她的体育基础实在太差！差到什么程度呢？初二上学期时，体育老师每次看到她的体育测试成绩时都直摇头，有一次甚至试探性地用激将法跟她说：“按现在的成绩，中考时，你还是去申请体育免考吧！不然，你自己考，有几个项目说不定要得零分呢！”

鉴于此，初二的暑假开始，秋信就按计划训练。无论天气如何，她都坚持住！40度的高温下，时间一到，她毫不犹豫地跟着赵老师带的校长跑队跑步，一直跑到体育中考的那一天。跳绳和仰卧起坐两个项目也一样，大年三十也不例外。

盛妈告诉我，其实，秋信小学毕业时，他们就做起了扬长避短的功课。女儿最弱的，也是他们最担心的，就是体育这门课。所以，盛妈对杭州市体育中考的测试项目进行了仔细研究，最后根据秋信的实际情况选择了800米、跳绳、仰卧起坐三个项目。盛爸盛妈不断鼓励女儿："不要怕，只要不退却，肯吃苦，你能练到30分的！"

果真，他们成功了！我常跟后来几届的同学和家长举小盛的例子，说："盛秋信体育能拿30分，您的孩子(你)也一定能拿到，关键是要看您孩子有没有'我一定要拿到30分'的霸气！"

为什么会想到向您介绍盛秋信这个案例呢？因为今天下午，有位初二的家长给我发来一条微信《钱文忠：我不相信教育是快乐的，请别再以爱的名义对孩子让步》。晚饭时分，又有一位家长给我发来这篇文章，并问我：到底该听谁的？一会儿说要赏识教育，因为孩子是靠表扬出来的，一会儿又说教育不可能是快乐的，要实行严格的"不让步"政策，孩子才会成功成才。我觉得，在家长普遍疼爱孩子，倡导赏识教育的大背景下，钱老师在文章中的一些观点还是值得您我深思的。如果我们爱孩子，就要真的对他(她)负责任，希望其将来能对家庭、对社会承担起应有的责任。从现在开始，您我就不能再一味以爱孩子为由，对孩子让步，让孩子有太多的退路。因为从小斌同学体育中考拿满分的案例中，我们不难发现：人蕴含的潜力非常大。只要有信念、有恒心，父母不给退路，孩子不甘落后，Anything is possible!(一切皆有可能!)。您说有道理吗？

祝您的孩子

有骨气、能担当！

阿潘校长 志平

2013年12月1日

怎样迎中考之一

强信心　稳情绪　重效率
对准目标　奋力冲

亲爱的各位初三同学家长：

您好！

5月11日，意味着留给您我共同的孩子做好人生第一道选择题的时间只有一个月了。这30天的分分秒秒，需要您我他(她)一起科学地度过。

5月7日，我从"增强信心，静下心来，稳定情绪，有效复习"四个角度为全体初三同学作了第一次中考心理辅导。其中许多内容和具体操作方法需要您配合、指导、督促执行到位才能收到实效。下面，我就和您聊聊过好最后720个小时的几点想法和做法。

一、管好情绪

积极愉悦的情绪可以活跃思维，增强记忆力，提高复习效率，而消极低落的情绪会抑制思维，家长您的情绪状态对孩子的影响最大。

您和家人在接下来的一个月里要尽最大的努力让全家保持一种温馨的气氛。家人有什么意见不要争吵，即使有什么原则问题也要等到孩子中考结束再说。

不要在孩子面前唉声叹气。对孩子说话尽量避免埋怨甚至指责。万不得已的批评要就事论事，提出具体改正的措施。不要把自己"急都急死了"的担心、焦虑情绪在孩子面前表露出来，做到内紧外松。不要这个思路那个想法"折腾"孩子，背开老师的复习节奏、安排，去做这做那。

要留意您孩子的思想动态和情绪变化，最重要的一点是父母进行合理分工，多安排时间和孩子在一起并真心诚意敞开心扉地与孩子沟通交流。发现问题自己解决不了时，要随时与班主任联系，商量对策。

要关心孩子但千万不要过分关心。处处小心翼翼，生怕照顾不周或自己说话、做事的方式惊动了孩子，反而会让其感到不自然而增加心理压力。在空下来的时间里多陪孩子聊聊天，饭后一起出去散散步，讲一些幽默笑话和孩子感兴趣的话题。留一些时间，多一点眼神交流和耐心倾听，让孩子把心里话、烦心的事儿说出来。"说出来"是调节心理最有效的方法。孩子跟您说话时可千万不能心不在焉、似听非听哦！不然，他（她）会非常失望的。

总之，家长您要以愉悦的情绪、平和的心态创设温馨和谐的家庭心理氛围，以此去感染、带动孩子心情愉悦、斗志昂扬地投入紧张而有序的复习中去。

二、增强信心

信心是对自己的能力、水平的评价而产生的心理期待的动力与达到目标所产生的心理力量。这学期，中考的志愿已经填好。接下来的任务就是朝着已经填好的志愿目标奋力冲。如同战场上的肉搏战，刺刀已经拔出，别无退路，鼓足勇气、一心一意向敌人发起猛烈冲击就是获胜的最好选择。家长总要给孩子积极的心理暗示，如："相信你一定能行的！""只要尽心尽力，爸爸妈妈和全家人都不会责怪你什么的！"

为了增强自信和斗志，请您和孩子做这样几件事：1.多多微笑。早上洗漱时，发自内心地朝镜子里的自己会心地笑一笑，轻声对自己说："真好！新的一天开始了，我今天的状态真不错。"相互见面时，真情地朝对方笑一笑；晚上睡觉前，为自己一天学习、生活等取得的点滴成绩和进步笑一笑。 2.抬头挺胸走路。每天走进校门或教室时一定做到步伐坚定有力，速度稍快，避免无精打采，低头弯腰，或成天像落汤鸡似的，郁郁寡欢的样子。3.坚决不打疲劳战。标准为第二天上课时不打瞌睡、精力充沛。4.多和自己的上个月比、昨天比。不作不切合实际的相互攀比或定几乎不可能达到的目标。

5、和孩子一起列一张"眼前存在的困惑和问题"清单。例如："我对中考最担心的有哪几件事？复习到目前为止，我心中不太有把握的学科和具体的知识点、能力缺陷是哪些？"然后，对照清单，一项项想办法解决。建议您自己能帮其解决的立马干掉，自己做不了的则请其信得过的老师、同学、朋友帮忙解决，解决一项划掉一项。这样，孩子的负担就会随着问题和困惑的清空而越来越轻，对中考的信心就会随着能力、水平的提高而越来越强。

根据我这些年来对一届届学生迎考状态的观察和学生到这个阶段的心理特征分析，信心是影响复习效率和最终考试成绩最关键的因素。而信心的强弱主要取决于上面5个方面反映出来的行为表现（微笑）、心理暗示（"我能行，只要努力去做一定不会有问题"或"我不行，我比不过人家的"）、实际存在的困惑和问题的解决程度（"我又把一个问题解决掉了，我不需担心"或"我还存在这么多问题呢，我无论如何来不及了，我考不好的"等）。

信心是孩子中考的精神支柱，越临近中考显示的威力越大，所以您可得多花点工夫，多想些办法不断为他（她）打气，给予他（她）胜利、成功的力量哦！

三、盯紧时间

这主要是针对两种情况。一是对于到现在还要玩电脑，看与考试无关的课外书（特别是中长篇小说），天天花较多时间看电视的孩子。二是对于进入复习"高原期"的同学。认为复习来复习去也就那么回事了，既然突破不了，索性放松一点，殊不知会把前面这几个月的复习成果都放掉了。如果您的孩子对号入座这两种情况了，您可得静下心来，放下其他手头上的事情，牢牢地盯住孩子专心致志地读28天的书了。除陪他（她）散散步、打打羽毛球、读读报、看点新闻类电视节目、听听音乐、爬爬山以外，可鼓励其适当和好朋友、同学聊聊天、一起探讨些复习中遇到的问题。而电脑游戏、电视连续剧、交友游玩等要暂时搁置、封存一个月时间，一门心思、全力以赴抓住每一分可利用的学习时间，"恶读"一月，渡过最后的冲刺关。因为这已经到了拼搏、挖潜的时候了！我认为，您此时花心思带着孩子搏一把的过程不仅仅是对一个月后的中考有好处，对孩子一辈子做事要分清主次和轻重缓急，关键时节要以高度的责任心把关键的事做到位等意识和习惯的培养，拼搏精神及意志毅力的培育亦大有裨益。

盯孩子也是在盯您自己，贵在坚持。坚持一个月，成就孩子一辈子。能咬紧牙关，克服阻力，坚持一个月吗？！

四、让孩子学习的每一分钟都有效果

从我每天的巡视观察及与学生的随机聊天中发现，现在有70－80%的同学都已在用功的状态。提高单位时间里的效率是您我需帮助孩子做的一项重要而富有价值的任务。怎么做呢？

1.告诉孩子"不但要抓紧每一分钟学习，而且要抓住学习的每一分钟"。到了最后阶段，埋头拉车的同时，一定要抬头看清路，否则方向错了，欲速则不达；方法不正确，事倍而功半。所以，第一天晚上要把第二天早上要读、背的内容计划安排好，第二天早上一坐下来就进入了诵背的状态，而不是东翻来，西翻去，早读课一半时间过去了还没有明白到底今天早上要背点什么。做了一个小时后，要回过头检测、反思一下，我任务完成得怎么样，问问自己："我的学习效率高不高？学习效果好不好？"

2.引导孩子多做适合自己能力水平的题目。中考试卷的难度一般在0.70～0.75左右，也就是说，试卷中70%是基础题，大部分同学能得分，20%为稍难题，10%为难题。到了最后一个月了，我们要指导孩子面对现实，有多少力气挑几斤的担子。基础一般的同学，一般就做属于70%的那些综习题；中等程度的同学，可增加一些20%难度的稍难题；基础较好的同学在抓实基础题的前提下攻一些难题（因为有的同学难题不怕，就是简单的大家都对的题目他（她）却老失分，要明白这样一个道理：分数是不认识"难"和"易"两个字的）。您如果感到这方面做起来有点困难，建议您相信任课老师布置的分层作业，按照老师的路子走。3. 根据孩子的个性特点利用最佳时间学习。常规的可采用早上6:00起床洗漱后，让孩子在家朗读英语、语文等20分钟再来学校。中午要适当休息调整，晚饭后稍休息即进入安静的学习状态，睡觉前半小时背点东西给您听听。4. 文理科交叉复习。

五、把大小环境整理到位

人的心理是客观现实的反映，优美的环境让人产生一种积极向上的感受。有序、有规律、优雅、温馨的物理环境和人文环境能让孩子赏心悦目、心旷神怡，有助于孩子学习起来心情愉悦、神清气爽，复习起来信心满满、效率倍增。

1. 大环境。全家人按正常的日常作息规律，这段时间尽量不安排宴请、外出等活动，尽最大可能每天晚上一家人在一起吃晚饭。您在家的时间多一点，孩子心理就踏实一些，亲情带来的学习动力就强一些。父母家人说话做事以不影

响孩子静心学习为前提。学习、生活的场所要保持通风。

2、小环境。请您指导、督促孩子（第一两次您可以和孩子一道做）把其房间里的东西各就各位，摆放得井然有序。桌面上除了台灯、铅笔盒、一只水杯、一只小闹钟以外，不放置其他物品。建议您买几只长尾票夹，让孩子把各门学科的讲义资料分语、数、英、自然科学等一刀一刀、清清爽爽、整整齐齐地夹好，以便想要查什么资料、看什么题目能随手拿来。最好有一个多层书架，把语文、数学、英语、自然科学等的复习用书、笔记本、试卷等分层分格摆放、贴上标签。千万要避免把吃的、用的混在一起，杂乱无章，找点东西半天都找不到。浪费时间的同时，杂乱的环境易让人感到心烦意躁，心情变坏，学习效率也会下降。

六、确保思想、心理和身体健康

越是到学习紧张的时候，越是不可以顾此失彼，放松思想、纪律、卫生、文明礼仪的规范，越是得关注孩子的交友，看书刊、影视，花钱购物、损坏公物或他人物品的情况的发生。心理压力会随着考试时间临近增加，如果您的孩子出现失眠、焦躁，有灰色言语不时挂在嘴边，可能您得与我校心理辅导站联系一下了。

孩子最后阶段用心复习考试这项脑力劳动确实是

非常辛苦的。请您根据家庭的实际条件、孩子的身体状况和口味爱好，适当改善一下这段时间的伙食。如果某一种保健品、营养品对您孩子有点作用，不妨适当买点补补，但主要还是靠食补。一日三餐，胃口不错，什么都不怕了。特别要提醒您的是：要十分注意防止孩子因打球过猛等带来的运动伤害，因饮食不当导致的肠道疾病，以及感冒等。心情好、思想正、品行端、身体棒比什么都重要，您说呢？

以上是我对考前一个月您和孩子需注意的问题和解决问题的具体建议。写得有点长了，谢谢您的耐心阅读，有什么个体实际情况欢迎您与我联系。

祝

心情舒畅！

潘志平

2005年5月11日

怎样迎中考之二

离中考还有十天
您和孩子应注意点什么

亲爱的家长：先让我们来看看今年杭州市高中招生考试安排：

日期	上午	下午
6月12日(周日)	语文(8:30～10:30)	自然科学(2:00～4:00)
6月13日(周一)	数学(8:30—10:10)	英语(2:00～3:40) 社会(4:20—5:20)

从这张日程表上我们可以看出，中考离我们只有短短的十天时间了。怎样有效地过好这十天呢？

1. 精神饱满保持斗志，轻松但不放松

近几个月较高强度和密度的复习、测试，不少孩子确实感到比较疲惫，有的可能会有一些厌倦、埋怨甚至放弃的思想。这时，您就是孩子最好的精神支柱和思想领袖！您一定要想办法，多角度传递给孩子这样的观念和信念：坚持就是胜利！辛辛苦苦九年都熬过来了，只要身体吃得消，最后十天无论如何都要咬紧牙关、一鼓作气，否则，心理上、精神上一放松，前面的努力都将化作泡影。

适度的紧张和焦虑，对中考非但不是坏事，反而有利于促进孩子潜力的发挥。当然，还有十天时间，要把备考的适度紧迫感降低一些，总体感觉不要过于压抑、沉重或急躁。请您跟孩子这样说说："我们都已尽力，正常发挥就没有什么问题啦。即使达不到目标，我们也已无怨无悔。"否则，一天到晚忧心忡忡，过冷或过热的家庭氛围都会对中考造成负面影响。

在复习功课、做试卷、背题目的同时，适当给孩子安排些放松的时间、空间活动活动，调节情绪、消除疲劳、提高效率。但是，13号前千万不能让孩子中断复习，也不能让其去做那些令他（她）过度兴奋的事，如上网玩游戏，连续长时间观看球赛电视等，还需特别注意运动、饮食、交通、用水等安全，严禁下河塘水库游泳，避免吃太多的棒冰等冰冷食品，以确保孩子以棒棒的身体、充沛的精力投入最后的挑战。

2. 调好生物钟

人的工作、学习、生活都遵循着一定的规律，人的生物钟就是人的生理节律和心理节律。从现在开始，请您和孩子一起遵守正常的作息时间，学习时间要适度，精神状态以没有疲倦感、厌烦感、松懈感为标准。

中考时间是在上午8:30～10:30，下午2:00～5:20之间。按心理学原理，这两个时间段孩子如果保持一种兴奋的、临场作战的状态，最有利于考试成绩的提升。

生物钟的调整不是一两天就可以完成的。所以，从今天开始，请让您孩子既不要加班加点，认为还有许多东西要复习，晚上弄得很迟，一头钻在书本、试题堆内，搞得头昏脑涨，也不能疲疲沓沓，这个不想做，那个做不下去。十天内要有意识地把孩子每天的兴奋状态调整到考试时间的那两个时间段，避免出现睡得太迟或起得太早，到上午8:30刚好昏昏欲睡，或者中午在看书、玩耍，到了下午2:00有点累怎么也提不起精神情况的发生。

最理想的生物钟是考试的那两个时间段脑子最清醒、思维最活跃、精力最易集中。那样，孩子考试审题到位、下笔流畅，速度快而且准确率高，肯定有利于促进其正常甚至超常发挥。明后天的全真模拟考试我们就采用与中考完全一样的时间、科目安排，考后您可问问这两个时间段孩子的生物钟兴奋状态情况。

3、重点突出查漏补缺

时间不多了，面面俱到显然已不现实。所以您要帮助孩子分清主次，统筹兼顾。

对于识记的内容，"临时抱佛脚"效果会更佳。所以，《社会》学科可适当多花些时间，您可对照答案进行几次抽背。孩子感觉比较有把握的学科，可不能把它搁置在一边，熟悉的内容在最后十天"过一遍"，以唤起记忆，让稳拿的分数不要丢掉。

最后十天，主要以自主学习为主。做了那么多题目，用了那么多书本、辅导资料，是到了收网的时候了，把错题看一看，把所有的考点逐个在脑海中过一遍。您能做的是当孩子遇到问题和困难时，马上帮其重点突破掉，以避免其带着问题进考场，心中忐忑不安："万一那个题（知识点）考到怎么办？"考试一定会受影响的，对吗？让孩子有侧重针对自己的薄弱点做几道题目，无需去钻难题了，否则会越做越没信心。做题是为了保持做题的感觉，让思维有连续性，考试不也就是做几道题嘛，所以，手不能生疏掉哦！

让我们一起为孩子加油，胜利就在前方！

潘志平

2005.6.2.

怎样迎中考之三

怎样和孩子一起夺得中考的胜利

亲爱的家长：

家有中考生，您这几天的心情可能不比孩子来得轻松。的确，中考不仅是在考孩子，也是在考家长。因为这是孩子第一次"荷枪实弹"进入人生的竞争战场。

心理学研究表明：考试分数=80%的平时积累的知识技能+20%的临场心理状态。这说明考前、考中的心态、状态对孩子考试潜能的发挥起着很大的作用。而您这两天的一言一行，都会通过暗示、模仿、感染等心理机制影响孩子的心态。建议您从以下几方面入手，帮助孩子拥有好心态、好状态，考出理想成绩。

一、思想重视，行为自然，关心但不过度

中考是您全家的一件大事。无论孩子成绩如何，都要避免这样想："反正到了这个时候了，考不考得好只能听天由命了。"因为这种消极态度会使孩子缺乏斗志。"我们全家人分工合作，一起来完成中考任务！"才是鼓舞士气争取胜利的积极心理暗示。

而在具体行为上，您不可太把中考当回事。对孩子表现出与平时完全不一样的过度关注，如说话异常轻声细语，做事特别小心翼翼，一会儿冲杯牛奶，一会儿送块西瓜。这些动作看起来是关心，实际上却使孩子感到不自在，无形中给他（她）增加了压力甚至反感。

二、环境安静，氛围温馨，喜乐但不放纵

这两天，您要尽量减少外出，尽量不在家里接待来客。接打电话注意控制一下音量、频率，看电视等时以不影响孩子的复习和休息为前提。不管什么情况，务必请您保持稳定、镇定的情绪状态，家人间态度温和、心情愉悦，和睦温馨的氛围有利于缓解孩子的焦虑程度，促进其开开心心地奔赴考场，提高解题速度和正确率。当然，乐而有度，避免让孩子兴奋过度也同样重要。

三、多给积极的心理暗示，叮嘱但不唠叨

适当提醒一下孩子："再静下心来把要点、错题看一下。""题目的关键词用笔圈起来，想清楚了再落笔。字可一定记得写端正、清晰。""做完了仔细检查，但没有充分的理由切勿轻易改答案，因为第一感觉的正确率更高。"就足够了，说话时留意孩子的表情、眼神，如果其已表现出抵触，您就不要再说下去了。切记：中考前两天及当天，孩子最不能容忍的是家长唠唠叨叨，特别是带有警告威胁口吻的话语："如果考不上怎么样怎么样。""你看你，平时

跟你说了那么多，听不进去，现在来不及了吧！在孩子某一学科考得不甚理想，感到伤心难过，情绪低落时，您更要认真听得进的话劝慰、鼓励他（她）。话不可多哦！

四、态度温和，以耐心倾听为主

这几天，您的脸上要多挂一点自然的笑容，态度温和一点带着孩子走走路、聊聊天。聊天时尽可能做一个忠实、耐心的听众，听孩子滔滔不绝地讲出心里话，特别是担心、烦恼，比吃什么营养品都管用。

五、指导应试策略，帮助孩子从容应考，发挥最佳水平

请您带着孩子认真读读这些应试好方法：充满信心，微笑走进保实校门（考点），热情大方地与老师、同学问好，微笑向监考老师点头致意，步入考场。难易皆不介意，集中注意力审题、答题。重视答题规范，要求卷面整洁、美观，自己会做的题目一分也不丢。合理安排考试时间，分段、分块、分点把握柔分点。遇到状况不慌张，做做放松操（我已在“应对中考八大招”的心理辅导讲座中教过孩子们），说说正向心理提示语，不断为自己鼓劲充电。就像平时做作业、月考一样完成中考卷上的这些题。心态平和放得开，考前兴奋起来，尽快进入状态；考时沉得下去，心定气和稳得住；考后立即放下，想得通拎得

开。心态越平和，越放开迎战，“奋勇杀敌”，越易进入最佳考试状态，考出最佳成绩。

六、科学过好6月11日、12日，笑到最后笑得最好

6月11日早上提前45分钟到达考点。出门前一定记得“中考专用袋”中规定的位置中有“准考证”。中午和晚上吃饭千万不要一大群考生、家长大吃大喝，而是以小范围、家人静静用餐为宜。午餐后督促孩子小憩或看一会儿书，晚上按正常作息时间睡觉（特别是睡在宾馆的孩子，往往会因新鲜兴奋而睡得迟、睡不好）。12日要鼓励孩子善始善终，坚守到最后一门科考试铃响为止。如孩子出现失眠、某门科没考好后哭个不停、情绪较差、迟到等情况，请您在第一时间打电话与老师联系。班主任等老师的电话24小时为您开通，会随时提供服务、指导。

6月12日晚上前，请您不要问“考得怎么样？复习到没？”“难不难？考了什么题？”“有没有都做出来？大概能考多少分？”之类的问题，劝阻孩子和老师、同学或在电脑中去对答案。真正做到考掉一门扔掉一门。当孩子碰到难题或有一门科没有考好时，可这样宽慰他（她）：“中考总有一两门是难的，总有一些题目是你做不出或没有把握的。”“一门科没有考好是正常现象，它不太会影响你考取××学校的。”不要去问、

去管别人考得怎么样，你考出自己的水平我就很开心了！”

“不要太在乎能不能考上填报的那些学校，考得怎么样就怎么样。世上那么多的路，总有一条是留给我们走的呢！”

“有了你这么用心的过程，说心里话，我已经心满意足了！

亲爱的家长，英国人有句谚语：“Who laughs last, who laughs best.”（谁笑到最后，谁笑得最好）。成功一定属于咬紧牙关坚持到最后的人。另一个意义上讲，中考只是人生旅途中的重要一站，但它远远不是终点。

诚心祝愿您的孩子

考出应有佳绩，人生路上更精彩！

潘志平

2011年6月8日

我这样陪伴女儿完成高考

亲爱的家长：

见信如晤。

情难舍，谊难割。陪伴您我三个春秋的《家校连心桥》就要和您说再见了。这封信中，我首先要发自内心地谢谢您。谢谢您这三年来对我、对心苑各位老师的支持和配合；其次要真心诚意地祝福您。祝福您孩子越来越好，祝福您阖家和和美美、快乐幸福！

当然，最重要的还是要用心与您聊聊怎样帮助孩子完成中考任务的话题。因为中考是眼前的一件大事。前几天，有位家长特地来到我办公室，问我："阿潘，中考越来越近了，我好像比自己中考、高考那会儿还要紧张呢！您说我们家长该注意些什么？"

很凑巧，去年的今天，我正陪着女儿行走在步入高考考场的征途中。说实在的，我与大多数家长一样，有着类似的心路历程：有点紧张甚至有点焦虑——那几天晚上睡觉明显没有平日的安稳。但是我不断告诫自己：我的一言一行将直接暗示、感染女儿的情绪和考试心态，影响女儿的考试成绩，自己的担心决不可以写在脸上！

女儿面前的我是一个很重视这场考试，会尽力帮助她完成这次重要任务，但又非常镇定、淡定、自然状态下的老爸。那段时间，我和爱人一直心态平和正常地上班和生活，没有刻意地与她讨论高考的话题。

考试前一周的一天晚饭后，我们一家三口在小区散步。边走边聊，自然谈到了是否需要陪考，由谁陪考，是否需要订个房间中午休息一下，高考那几天穿什么衣服，想吃点什么，也问到了最后一周她打算复习点什么，是否还要做做什么题目，是否需要我们帮助抄写点什么或做倾听的"听众"。记得我脸带笑容、认真、非常期盼的神情与她作了这样的约定："这段时间我和你妈妈听你召唤，你需随时把自己的想法和要求说出来。我和你老妈的任务是：只要是客观条件允许的，坚决照办！"

考前两天和考试当天，我们是这样做的：

1. 买了一只"考试专用袋"——就是透明的那种普通的塑料文件袋。把2B铅笔、0.5mm黑色中性笔5支、圆规、尺、橡皮、纸巾、无商标纸的风油精、水杯、能量饮料、胃痛药等装入袋中。当然，最为重要的"准考证"放在考试专用袋专门的那个小格里。

2. 考前一天的下午，按学校安排熟悉试场。当然高中三年来几乎每天都在来回接送她，但那天我还是开车、计时，计算从家里出发到学校（考点）所需的时间。同时，把应急求助的交警电话等放在车上以防意外。晚上，按平时就寝时间入睡。到十二点左右，我悄悄地到女儿房门口站了会，没听见什么动静，就放心睡到天明。

3. 考试当天，女儿身穿校服（因为她认为穿习惯了的衣服不会分散注意力），按事先商定，由我陪考。提前了15分钟出发（按正常情况，我家到考点为15分钟车程）。之所以把时间留得相对宽裕点，一来可以避免路上遇堵的忙乱，二来到校门口可以与列队在那里祝福鼓励的老师聊上几句，缓解一下紧张的情绪。出发前，再次确认"考试专用袋"中的物品；到达考点门口，停车、下车、握手、拥抱、击掌、互致微笑，目送进校门。只见她进校门后即兴高采烈地与校领导陈萍书记、班主任朱高雄老师及各位任课老师打招呼、攀谈（这一点学军中学真的做得非常人文、到位）。看着女儿那笑眯眯的样子，我心中洋溢着幸福，也多了许多踏实。在休息处静静地看书，直到开考时间过了半小时后才离开考点。考试结束前半小时回到考点等候，迎接她的凯旋。

4. 中午，去了她喜爱的牛排馆。车上，她兴奋地跟我说："今年的语文还是稍微有点难的。不过，作文《坐在路边鼓掌的人》的题材是有一次你推荐我读的文章中讨论过的，所以我看到题目时就心中踏实了很多，写起来也就非常顺手。"十分钟的车程，她一直在与我讲语文试卷的点点滴滴。听得出，她显得比较兴奋。因此，一到午排馆找了个位置坐下来，我就跟她击了个掌，说："祝贺一下，从刚才你的表情和话语中，老爸感觉到了，你已经顺利拿下了第一门学科。现在，语文已完成了它的历史使命，让它先退出舞台吧。下一个节目，闭心点菜，专心吃饭！"一下子就把她的注意力拉到了中饭上。

因为是她自己选择、指定的用餐点，所以她显得很自然、满意，花了100多块钱，却是荤、素、水果搭配，色、香、味俱全，半个小时，快捷、卫生、可口的中餐就用完了。

饭后，我俩立马到了事先预订的考点附近的午休房。我很认真、有点严肃地告诉她："Now，你的任务就是安静、放心地睡觉。老爸就坐在一楼大厅看书。考前50分钟，我会准时把你叫醒的。Ok, go to bed and have a good dream（马上睡觉，做个好梦）。"这样，她就很快、很自然地进入了休息状态，我也很平和地履行了看书中等待→准时叫醒她→边走边聊点开心的事→到了考点门口，拥抱、击掌等一系列动作。我知道，她的数学相对比较薄弱，当时她的内心难免有些担心和焦虑。所以，击掌后，我没有像上午考语文一样立即目送她进考点大门，而是紧紧握着她的手，目光坚定，以充满信心的口吻跟她说："放心！只要沉下心来，专心致志地把会做的题目全部做对就足够了！Good Luck（祝好运）"。

5，下午，提前半小时到考点，带了点水果还带了束小花。

小花是临时想到去花店选的平时她喜欢的那种小花瓣型的。水果是精心挑选、洗净装在保鲜盒中的。没想到，她见到那束小花，眼睛顿时一亮，连呼"好漂亮啊，好喜欢啊！（毕竟是女孩子嘛），连声说："谢谢！老爸你真好！"

回家的路上，她边吃水果边跟我聊数学考试："按照你进考场前给我的方法，拿到试卷后，我眼睛只盯住题目，一点都没有去想要考几分以上。一口气把会做的题目都做完后，再去想那两道有点难的题。放开手做，不去在乎分数，反而做得比平时还要顺手。"（结果，数学她考了135分，大大超出我们的预期！）

按照平时的习惯（放学回来先洗个澡、睡一觉，再起来吃晚饭，做作业、看书），她冲完澡，洗掉一天的疲劳，睡了50分钟，起来后感到神清气爽了。吃饭时以及饭后去

小区里散步时与她聊了点当天的新闻和《读者》上看到的一个趣味故事。20分钟后回到各自房间安静看书，10点多照例送上一只水果拼盘，而后按平时作息时间就寝，为来日的两场考试养精蓄锐。

6、第二天，除遵照女儿意见，中餐换到了午休的酒店（她认为这样可以多点时间休息），其他如第一天。

不过也有不同的。第二天上午"文综"考试结束时，从考场里走出来的她已完全没有了第一天考后的状态。她显得有点沮丧，嘴巴里嘟嘟囔囔，主要是抱怨考试难度远没有学校里平时测试的大，但考得过细、偏。我明白，文综平时她花的时间较多，是她的强项，她计划这科为总分作贡献的，答题却答得不太顺手。期望值与现实发生了矛盾，心理落差较大，情绪和状态一定会产生负面影响，这对下午的考试可不是个小问题。一开始，我什么都没有说，只是看着她，耐心地、专注地听她诉说。等她说完了，我劝她说："老爸想分析三点情况，你听听看有没有道理。1.这次的文综试卷可能确实不是很容易回答。貌似简单实际不太好拿分是这几年命题的趋势，所以你难人也难，天上下雨淋的是大家。2、考试和其他任何事情一样，总体上要讲平衡的。你昨天两门科考得都很顺手，就连你平时有点怕怕的数学都发挥得不错，今天的文综出现点小状况也是符合自然规律的。老爸这么多年来遇到过这么多届的学生，好像大部分孩子考完后成绩揭晓时，总有一两门离自己的实际水平或期望值有点点差距，感到不甚满意。因此，即使你文综达不到你的愿望，也是正常的。3、文综考试的结束铃响起时，就意味着你对这科已没有任何可能作任何改变了。你想得再多，一点点作用都没有了，对不对？”见她频频点头，我觉得她已接纳了我的观点，于是就一鼓作气：“笑一笑，我们吃饭、午休去！吃好、睡好，把下午的英语考好才是我们现在应该做而且能够做的大事！”高考结果表明，女儿没有因为“文科综合”考试影响“英语”考试水平的正常发挥，我成功地化解了这场棘手的危机。

虽然现在回想起来，当时的有些话（特别是第2点）是有点违心的，因为谁不希望每门学科都发挥到极致啊！但是就当时的情景而言，只要是说到孩子心坎里去，容易被其接受的话，或者采取的行动有利于解决其思想、心理问题，都是值得去尝试的。如果单是说第1点或第3点可能就难以真正说服她呢！

7. 第三天上午为模块考试，相对就显得轻松多了。

然而，我们还是坚持"每分必争"的原则。因为就总分而言，每一分都是具有同样的含金量的。所以，第二天晚上我们仍然没有松懈，照样进行了必要的复习。事实证明：高考这件事，需要自始至终有板有眼去做，用心尽力方可摘取属于自己的硕果。

8、全部考试完毕，回到家中，烧了好吃的，庆贺一下圆满完成2012年全家上下最大的一个项目。饭后，我拿出一只i-phone最新款手机，郑重地交到女儿手中，作为她的成人礼——这是我们两年前的约定：高考结束才开始使用手机，给了手机表明她应是对自己负责的成年人了！

亲爱的家长，考试，考的是孩子的知识、能力；考的更是家长和孩子的心态、状态。我心态平和地陪着孩子完成了人生的一件大事，帮助女儿考上了心仪的大学和自己喜爱的专业。希望对您有所启发，作些借鉴。

真心祝愿

您的孩子中考成功！

潘志平

2013、6、7.

五

有效管理孩子的学习

孩子学习习惯不好怎么办？孩子学习遇到困难怎么办？孩子不会管理时间怎么办？步入初中之后，孩子学习上的问题可能接二连三地出现。究竟该怎么指导初中孩子高效学习？阿潘为您指点迷津：带着孩子走出“时间花得越多，成绩越好”的误区；让孩子明白“很多时候，慢就是快，仔细就能赢”；帮助孩子解决学习上的困难，一要“快”，二要“狠”。

怎样引导孩子进入"自主学习"的良好状态

亲爱的家长：

开学一个月后，孩子又回到了您身边，与您一起享受一周的亲情。发自内心地祝愿您全家其乐融融，国庆节快乐！

9月、10月假日多。一方面，张弛有道的生活有利于孩子调节身心、减轻疲惫、缓解压力；另一方面，孩子在校学习的时间相对少了，他（她）学业成绩的好差在一定程度上就取决于其自主安排学习的习惯和能力了。

哈佛大学有个著名的理论：人的差别在于业余时间。台湾商界奇人陈安之在世界各地演讲时总不忘对听众说："记住这样一句话：一个人的命运，决定于晚上8点到10点之间。因为对成年人而言，如果每天晚上抽出两个小时看书阅读、培训进修，或静心思考或参与讨论，那么他（她）的人生每天都在正向地发生改变。

对于我们的孩子来说，上课固然是学习的核心时间，需要牢牢地把握。但是，正如成功的陈安之每天会用好两个小时的业余时间一样，几乎没有一个成绩优秀或进步明显的初中生不善于利用课余时间。成绩的背后比拼的是"自主学习"的习惯和能力！

所以，这封信中，我想就怎样利用孩子在家时间引导孩子进入"自主学习"的良好状态提两点建议：

一、认明确的、可操作的目标导引、激励孩子自主学习

孩子内心始终装着清晰的目标，是其进入自主学习状态的动力源泉。

现在，许多孩子不太愿意主动学习的主要原因是他(她)不明白为谁读书，读好书又是为了什么。我常与同学们讲，学习不是初中生活的全部，但一定是每一位初中生的中心任务。这个中心任务完成得好坏对思想品性、心理、个性特长的发挥都会产生较大的影响。因为这个中心任务会影响孩子在学校的生活品质和整个人的状态啊！对不对？所以，不管是初一、初二还是初三，不论您孩子现在的成绩处在哪个层面，您都有必要直面现实，和孩子一起，认真地商量、讨论初中毕业后考哪一所高中，以后打算上哪一类大学，以及国庆假期后马上要进行的10月8、9日的阶段性测试，11月中旬的期中测试，2014年1月中旬的期末考试等近、中期的总体目标，各门学科需要突破的重点、难点等。

孩子心中有了明确的、通过自己努力能够实现的目标，他(她)就会在每天的预习、做作业，听课、参与各类学习讨论活动，钻研、及时攻克疑难问题时有责任、有劲头，不断朝目标靠近，为实现目标拼搏。

现在，许多孩子的学习处于这样的状态：脚踏西瓜皮，学到哪里算哪里，懵里懵懂，被动学习；老师布置的作业我都做好了，我的学习任务也就完成了；作业中稍微遇到点困惑就躲开，逃避思考、探究，也不及时去问老师；是老师、家长要我学、逼我学，我也没有办法，只有去学一点……不知您孩子是否存在此类情况？制订明确的、可操作的目标是解决上述问题的有效途径，它对孩子自主学习的方向、意愿作用非常大，这就是我不厌其烦地强调"目标"重要性的原因。

操作步骤：您和孩子一起制订目标 ⟶ 明确写下来或制作KT板 ⟶ 贴（挂）在家里醒目的位置 ⟶ 每周（月、学期）对照目标达成情况并予以登记 ⟶ 共享成功的快乐或根据实际适当调整目标 ⟶ 螺旋式上升，不断强化孩子内心的目标。

操作要点：1. 目标一定得符合孩子的实际，是一个跳一跳能摘得到的"桃子"；2. 目标一定是能付诸实施的、实实在在的、具体的、可操作的；3. 目标的重点在执行，需要经常性、持之以恒地对照完成情况，适时奖励惩罚或调整，切忌成为挂在嘴上、贴在墙上的摆设。

记住一句话：制订目标计划有必要，执行目标计划更重要！

二、以具体的、刚柔并济的方法指导、激励孩子自主学习

要让孩子进入主动学习的状态，首先要想办法让孩子从"学习是一件痛苦的事"的感觉中解放出来，因为正常的人是不太会主动去做痛苦的事情的。要有"书山有路勤为径"的意识，但不要强化"学海无涯苦作舟"的"苦"和"无涯"。想方设法让孩子在学习中找到快乐，享受成功是您我引领孩子身心健康成长的重要任务。

要让孩子进入主动学习的状态，常规的做法有两点：一是您对孩子的要求要适当。对潜力大、基础不错的孩子要求不可太低。无需太努力就可实现的目标会导致缺乏挑战和压力，影响自主学习的动力（当然，也不能提保持在前三名等过高要求）；对已经很努力，基础真的比较薄弱的孩子要求则是"不放弃、小步走、不停步"，每天坚持背几个单词和句子，弄懂几道基础的题目，日积月累，同样能有成就感（与自己比，天天都在进步啊）。二是在学习上尽可能多地欣赏孩子、鼓励孩子、表扬孩子（每个人都是喜欢听赞赏的话的哦）。下大决心摒弃以下做法：唠唠叨叨反复叮嘱"要认真啊努力啊"之类的话语，总是和别的孩子去比，用失望、埋怨、指责、讽刺的口吻与孩子说话，考试成绩不够理想就叹气、焦虑得不得了……因为这些做法会给孩子带来负面情

绪，孩子一旦感到您很烦，甚至讨厌，也就不太可能接受您的观点，主动积极地学习了，对吗？

要让孩子进入主动学习的状态，需要给予具体方法的指导，您不妨这样试试：

1. 把孩子的学习分为"规定动作"和"自选动作"两块。

规定动作是指孩子尽快完成老师布置的作业。尽可能按照这样的顺序：复习、整理一下当天相关的学习内容→有质量地做完作业（及时、清楚、正确）→错题，对做过的同类型的题目进行分类、归纳，对选择题的错解答案作点分析→预习。

自选动作是指导孩子根据实际做自己的作业。每位同学每门学科至少准备一本适合自己程度的课外补充辅导资料，不一定要求把补充资料书上的所有题目全部做完，但得把自己这门学科上的薄弱点、兴趣点、重难点的题目认真地刷一遍（根据我的经验，自己的薄弱点需多找点同类型的题目刷刷，这样对突破难点非常有益）。自选动作是自主学习的关键所在。请您引导孩子对薄弱的学科、需要重点突破的知识点、能力提升处，给予"优先做、多花点时间做"等优惠政策。

2. 把"提问题、问问题"作为重头戏来唱。

自主学习很大程度上就是独立钻研，所以"提出问题"、"问问题"进而把学习上的问题一个个解决掉显得特别重要。告诉孩子："学问学问，要学还要问"、"学习是一个不断发现问题、解决问题的过程"、"什么时候你能问出问题了，说明你是静下心来，钻研进去了"。让孩子在拥有"纠错本"，及时纠错的基础上，每门学科再准备一本"问题本"，把预习中、作业中、测试中、听课时、讨论时遇到的问题马上记在"问题本"上，每天或每周清理一遍，在第一时间去问老师、问同学，把问题及时"消灭"掉！

真正会读书的人，一定是善于独立思考、提出问题的人。经常在老师周围问问题，和同学一起争论学习中碰到的问题，及时把问题搞懂，比请什么家教效果都要好呢！

3. 指导孩子自己出题目、编试卷。

我们公益人有一项比较领先、有效的发明是：让孩子自己编试卷、出考题。实践证明，这对孩子由被动学习转向主动学习的状态很有帮助。

您可在孩子学完一课或一个单元后出几道题。如果您有解题的能力，就甘当他（她）的学生，耐心、虚心地做其出的题目和考卷，让其批改、评分，接受其表扬、批评。在做完题分析试题的时候，和孩子一起探讨解法。如果您不会做，可把孩子出的题目拿给他人考考，也可请其拿给同学分享，这非常有利于孩子自主学习积极性的调动。这一招可是公益人自主学习的绝招哦！这几年来，不少孩子出了许多很不错的试卷呢！

操作要点：1.因人而异，量力而行，不求每次都出全所有的题。2.可根据平时课堂笔记、改编老师出的题目，查阅网上或其他辅导书，但不得简单抄袭或网上原卷下载。3.变孩子独个人做"为"我们一起做"，坚持、督促，逐渐形成"我要做"、"我愿做"的习惯。

亲爱的家长，引导孩子进入"自主学习"的状态很有必要，但很不容易。家长您很忙，孩子他（她）大部分时间可能都在忙作业，但我们不能以"忙"字为借口，使孩子缺乏自主学习的意识，少有自主学习的行动。只要您肯花时间、精力，注意引导的方法，相信您能在实践中摸索出更符合孩子实际的好方法，促进孩子有效学习，让其受益一辈子。

恭祝您

指导有方，孩子学得更主动！

阿潘校长 志平

2013年9月29日

杭州电视台“名师公开课”之家庭教育篇

迎中考讲座

怎样让孩子改掉不良的学习方法和习惯

亲爱的家长：

洁白的瑞雪，灿烂的暖阳就要带着我们迈入充满希望的2005。借此一信，恭祝您元旦快乐，合家甜美！

从上周《家校之间》您写来的回执中，我欣喜地读到：近半数的家长对子女的思想、学习确实比较关心，不但非常具体、详细地分析了孩子的现状，而且和孩子一起制订了期末的目标，准备采取的一条条可行的措施，如这段时间少看或不看电视、禁玩电脑，合理安排时间重点弥补薄弱学科等等，用心程度值得赞赏。

但与此同时，我也发现为数不少的家长在关心孩子方面还存在一些误区和不足。在此请允许我真诚直言相告，恳请您理解并在可能的条件下尽量逐渐改进。

1. 太疼爱。特别是初一的部分家长，尚未从小学时对孩子的学习要求中走出来，进入初中学习的状态和角色。例如作业稍稍多一点、压力稍微大一些就担心孩子吃不消，甚至有怨言在孩子面前表露出来。初中了、期末了，学习任务肯定会比原来重一些。平时要轻松，期末要成绩理想显然是不现实的，因为进入初中后，大多孩子和家长都在使劲呢！

2.有错位。有些家长认为孩子交给学校，学习就是老师的事，因为我家长确实没有这个能力来辅导孩子的学习。还有，孩子最听老师的话啦，读初中了我们很多时候说都说不过他（她）。我认为，学习不仅仅是知识上的事，更有时间、情绪、意志、毅力、心理环境、外力监督等各方面的因素的影响和作用。孩子读初中后，家长您的角色定位主要是创设良好家庭环境（包括安静的学习条件等物理环境和宽严有度的、融洽的亲子关系）、督促者（每天或每周翻看一下作业本、检查一下孩子作业清单上的任务到位情况）、帮助者（孩子出现某一困难和具体学习问题时即帮助解决（可以借助外力）。

也有的家长认为：我现在除了学习以外，什么事情都不要孩子做，吃穿用无忧，双休日还把他（她）送到培训班……想想我们小时候读书时父母哪有管我啊，我不是照样靠自己读得很好啊。这话说的倒是事实。但我要说的是，当时子女的个数，社会大背景竞争的程度以及初中学习知识的广度、深度、难度等与今天真的是不可同日而语的。

3.缺恒心。想到时管管，有时间谈谈；口头上重视，行动上是三天打鱼，两天晒网；想法很不错，计划也做了，就是少了最关键的持之以恒、坚持不懈。

4.少方法。没有根据孩子的个性、存在的问题和拥有的优势，扬长避短地找到适合自己孩子学习的方法。

5.敷衍了事。《家长回执》上大多数问题后面的空白处答了一个"无"或者干脆是空白，平时老师针对孩子实际情况发给家长的短信基本不回，打电话或家访也是应付式的……这些情况在一定程度上反映出有的家长在平时与孩子交流、管理上也是不太用心的。这对您孩子的现在和将来都是有害的。

亲爱的家长，从您把孩子带到了这个世界上的那天起，您就担负起了抚养、培养他（她）的重担。当今社会，我们不可再停留在"抚养"的层面（保证吃穿住行等），因为对绝大多数家庭来说，我们完全有条件"培养好孩子"。相信您内心一定拥有"把孩子培养好"的强烈愿望。而要实现这一愿望的关键在于用心和有效。用心就是真心实意地在孩子身上花工夫、花精力，让孩子内心体验到您是用心在关注他（她），以实际行动在培养他（她）。只要您静下心来理清思路，"用心"两个字您完全会做到的。因为孩子现在学习好、品行正，将来有出息，受益最大的一定是您整个家庭和孩子本人。培养孩子是最有价值的、有远见和生命力的投资。

"有效"两个字做起来有点难。在我的大家庭里，1560位孩子情况各异。因此，我只能根据《回执》中家长提出的普遍性的问题提一些建议，供您作些参考。

一、因人而异，引导孩子以积极的心理状态投入学习

心理实验研究结果表明：处在快乐、愉悦、平和的状态下比处在痛苦、恐惧、愤怒的情绪中能更快、更好地完成作业。为此，请您以平等的身份和心态与孩子探讨学习问题及方法。标准上要严格，对必要的学习时间和计划的执行力务必不折不扣；方法上要尽量避免居高临下的、命令式、训斥、责骂、埋怨、冷落。该严的时候，该严肃批评的时候一定得严肃批评，不轻易向孩子让步是您的高度的责任心的表现，也是一种非常有效的策略。但是，动不动就发火是您无能的表现（言重了，不好意思），也是一种没有持久效果的方法。

期末复习就要来了，为给不同类型的孩子创设积极的心理环境，请您根据孩子现有的学习基础采取不同的方法。对成绩不理想的孩子多份耐心和等待，尽量避免拿他（她）与其他人比，给他（她）的目标是比自己现在好多少，对他（她）的细小进步都在第一时间给予充分的肯定、表扬。让成就感包围他（她），他（她）就会越读越来劲。对成绩一般的中等的孩子，您需更多地花点心思（因为他们相对来说是一个受关注较少的群体）。建议您静下心来，倾听一下来自中等生的心里话，了解一下他（她）的期盼

烦恼和困难，分析一下其虽经努力但学习上很难突破的原因，指导其复习时重基础，把自己能力范围能拿到的分数都拿到手。做题时避免高、难、多。您不妨这样与孩子分析：哪几块知识是学习进步道路上的"绊脚石"？我按照"小步子，不停步"的原则，把这些绊脚石分为若干个小块，分解成细小的步骤，按预设目标一步步把它们搬开。对成绩比较优秀的孩子，请您把握好这几个环节：一是目标定位适当高一点，保持"不服输"的斗志；二是各门学科的平衡，有优势学科但没有"短板"；三是延伸和拓展。在确保基础题不失分的前提下，可申请免做简单题或上课做点拓展题，课外扩大阅读面（关注社会热点）联系生活实际运用所学知识。

您始终对孩子充满信任、真心的期望，让孩子学有奔头，进步即尝到甜头是让孩子拥有积极学习心理的三要素。

二、怎样帮助孩子克服不良的学习习惯

1、磨磨蹭蹭。做作业动作缓慢，完成作业的时间总比其他同学长许多，或做作业时一边听音乐，一会儿站起来倒点水，一会儿开冰箱拿点东西吃吃，一会儿又去上个厕所……结果，完全可以在40分钟完成的作业要拖一个小时甚至更长。纠正的方法是：①排好时间计划，限时完成。估计每一科

作业大致所需的时间。②把作业当考试，时间一到马上收卷，即使有几题没有完成也严格执行（交不了作业时您可电话与老师说明一下，但规矩是说多少时间就是多少时间，因为考试是不可能给孩子延时的呀！）建议您给孩子配一只小闹钟，让孩子放在书桌上，做作业时让嘀嗒嘀嗒的声音督促孩子快做快做。③孩子按时完成了作业，就安排一点娱乐活动或吃吃东西、聊聊天等放松一下，让其享受到"按时的乐趣。孩子提前完成作业时，一定要把多出的时间奖励给孩子做点他（她）自己喜欢的事（如听听喜爱的歌星的歌、看点体育赛事的电视等）。切忌孩子抓紧时间、高效率地完成学习任务了，您马上又交给其新的学习任务，霸占他（她）节省出的时间。

2.马马虎虎。不要错误地把孩子作业做错或考试失分简单地归因为粗心。我时常听到家长跟我说："孩子懂是懂的，就是太粗心，题目没看仔细，有几道题都是很简单的计算，都算错了。""这次考试失分的那几题，考完回到家里他（她）马上就做对的，应该问题不大。"我告诉您，其实，这当中的问题可大着呢！要明白：粗心、马虎是严重的不良学习品质。题目看错，很常规的计算由于粗心导致答案错误是孩子态度、性格、责任心、习惯、心态等欠佳的折射，您可千万别被孩子的这个借词所蒙蔽，不要作为理由来搪塞、安慰自己。纠正的方法是：①不要给孩子贴上粗心这个负标签。如说："这孩子就是粗心""你这个粗心的毛病什么时候能改过来啊？"以免让孩子形成"我是个粗心的孩子"这样的思维定势。您可在孩子做错题时，就错论错，要求其具体化地、静心负责地找出问题、规范化地做上正确答案。这个过程中，言语中不出现"粗心"两字。②有针对性地帮助孩子"纠粗"。如四则运算没过关的，可以每天让孩子加做10—20题加减乘除运算，规定时间完成，要求正确的基础上求快。对作业速度很快但错误较多的孩子，在其作业本的封面上或首页上写上"做得快但做错了等于做得慢"之类的提醒语。对科学作业或测试时总把单位搞错的孩子，可集中一段时间专门请其做一批单位书写要求较多、较高的题目。对英语单词拼写常把前后字母调了个头，第三人称单数作主语时，动词忘加s等错误的，则需把单词拼写、听写抓实，把基础知识讲明白并辅之以10题以上的强化训练。而对审题不仔细的孩子，您可督促其读题时手拿笔，一字一句读过去的同时，勾划出关键词句，弄清已知条件和答题要求。③给予必要的惩罚，让孩子为"粗心"买单。如果孩子把简单的题做错了，把能拿到的分数失掉了，您就按事先与其约定的措施惩罚，让其加

深印象，避免"重蹈覆辙"，让其明白出错不可怕，不可饶恕是低级错误甚至是重复类似的低级错误。例如，四则运算训练题错一题加做两题，错两题加做四题。这样孩子就会在行动实践中理解"慢就是快，仔细就是赢"这句话的含义。当然，当孩子越来越细心时，您要及时给予表扬。

整理"错题集"也是让孩子养成专注、细心习惯的好方法。元旦放假这两天，请您督促、指导您孩子开始把这学期来练习本、试题卷上的错题抄在（也可复印后剪贴）《错题集》上，用红笔划出错误所在，分析错误原因，做出正确答案。这是对他（她）在以往学习中粗心马虎的一点惩罚（因为错的越少越省力），也是一次非常有效的复习过程。

三、怎样指导孩子改进学习方法

学习方法这个题目很大，学习方法因人而异。您可让孩子花几分钟，做一做下面的"学习方法测试题"，然后根据实际情况提出改进措施。

"学习方法测试题"有15个问题，孩子实际上是怎么想的、怎么做的，就怎么回答。每个问题有三个可供选择的答案：A.是 B.否 C.不一定，请选择。

(1)学习除了书本，课外知识看不看无所谓吗？（　　）

(2)书本上的观点都是对的，能怀疑吗？（　　）

(3) 不用订学习计划，跟着老师学就行吗？（　）

(4) 你读书从来不做任何笔记吗？（　）

(5) 学公式定理时，背会它就行，推导过程无所谓。（　）

(6) 习题集比书本重要，多做练习就能提高成绩。（　）

(7) 你能经常使用各种工具书吗？（　）

(8) 你能做到课前事先预习功课吗？（　）

(9) 上课或自习时你的注意力集中吗？（　）

(10) 你会在做作业前先把功课复习一下吗？（　）

(11) 你能见缝插针，利用零散时间学习吗？（　）

(12) 你有一套适合自己的学习方法吗？（　）

(13) 你常找同学争论学习上的问题、不懂就问吗？（　）

(14) 你常把知识穿成串，把同类型的题目作整理吗？（　）

(15) 你有自己的作息时间并严格遵守它吗？（　）

第1、3、4、5、6题选B(否)表示正确，其他题选A(是)表示正确。正确的加10分，错误的不给分。回答C(不一定)的题目都给5分。最后计算总分。

如果您的孩子总分在120分以上，学习方法很好。

总分在90—115分，学习方法较好。

总分在60—85分，学习方法一般。

总分在60分以下，学习方法较差。

此测试题只是从不同角度对您孩子的学习方法作些诊断，改进的措施请您多查阅点资料或请教老师。

期末将至，请注重指导孩子在老师梳理的知识框架下把各知识考点落到实处，稳扎稳打，减少漏洞，同时督促孩子抓紧时间，适度焦虑，进入复习迎考的状态。

元旦三天假，请多花点时间陪陪孩子，同时注意安全。

愿您用心有效地帮助孩子学得更好！

潘志平

2004.12.31.

帮助孩子提高学习成绩的“三个三”

亲爱的家长：

在前面的书信交流中，我们主要讨论了怎样宽严有度、适度从严，在细节中提高情商的话题。这封信中，我们来聊聊指导孩子学习的方法。我想从“三会、三有、三戒”等方面提如下建议，供您选用。

一、学会分析

孩子测试成绩不尽人意时，您可请他（她）把试卷带回家，不看分数，专看失分点和错题，逐题分析错误的原因。大的如粗心计算出错，没有圈划出关键信息导致审题不清，知识点没有弄懂，背记的内容不够扎实，没有找到解题的路径；细的如我这道题当时是怎么考虑才会出错的，考试时我怎么只考虑了三个采分点中的两个，今后碰到这类题目时我可以从哪几个角度入手去“破题”等等。假若整体成绩欠理想，您可从以下六个方面找找原因。

1. 孩子学习上进心不强　2. 勤奋刻苦程度不够

3. 学习基础不够扎实　4. 学习方法有问题

5. 身边环境因素干扰（如手机、网络、交友）

6. 心理压力和消极情绪影响

把脉诊断成因后，您和孩子推心置腹地谈一次，把其存在的问题挑明，一起商量有针对性和可操作的措施。如果您和孩子难以找到合适的办法，可寻求老师帮助指导，也欢迎来与我交流。

二、学会指导

1.指导孩子形成清晰的目标。我校2009届初三(5)班的王枝禹同学从初一入学时的班级第18名，到初二下学年的年级第一，到中考时以高分考取杭二中。他的进步主要来自于初一与班主任签的"目标协议书"。因为老师和家长一起引导他学会了订明确的小目标和大目标，"年级第一"的目标成了他每天刻苦钻研的动力源。《爱丽丝漫游奇境记》中有这样一段对话："请你告诉我，我该走哪条路？""那要看你想去哪儿？""去哪儿无所谓。""那么走哪条路也就无所谓了。"当一个人没有明确目标时，谁都无法帮到他！

现在的孩子真的都很聪明，只要肯学，绝大部分孩子都能取得比目前的他(她)更棒的成绩。关键在于您我能不能抓住孩子的兴奋点，把他(她)的潜力激发出来。您可指导孩子根据自己的实力定一个"伸手摸不着，跳一跳能摘得到"的具体目标，然后把目标计划制作得精致一点，张贴在家里醒目的地方，时常带着孩子在目标墙下比照一番，作些记录和改良措施，提醒、激励其为了实现目标而远离不良诱惑、赶走懒虫侵入，静下心来用功拼搏，一步一个脚印朝目标迈进。

2. 指导孩子拥有积极的情绪状态。

良好的亲子关系是最宝贵、最有效的教育资源。您想孩子成绩好的重要法宝是让孩子乐于和您在一起，听您说话、和您运动、向您倾诉心里话。这样，孩子才有可能以积极的愉悦的心情投入紧张的学习，完成各类学习任务。和您关系好了，孩子自然比较听得进您说的话，接受您的观点，达到您的要求。您跟孩子沟通时，尽可能柔一点，比如当孩子对作业、考试等有怨言时，不妨和他（她）说："小叶啊，妈妈也知道你很辛苦。但是今天这些作业能不能不做？考试会不会取消？既然改变不了要做的事情，那么我们就改变一下做事情的心情。你这样对自己说：'反正要做的，与其愁眉苦脸、带着怨言地做，还不如脸带微笑、痛痛快快一鼓作气把它完成。这样心情好一点去做，效率和正确率更高呢！'"

为了帮助孩子减轻学习上的负担，您还可以从减轻其感觉上的负担入手。如文理科作业交叉完成，安排假期作业时按照前紧后宽的方法。如果想让孩子在1个小时做完的作业，他（她）特别专注认真地提前把作业完成了，一定记得不要额外加任务，而是把省下来的时间奖励给他（她）去做点自己喜欢的事；如果想请孩子读经典书、诵名言名句、背单词课文，您可与其一起读诵、背，并开展比赛。我试过多次，效果真的不错。

3. 指导孩子拥有良好的方法。

每次考试结束，总会有同学说："哎呀！我题目看错了！"试卷发下来一看，孩子会跟您解释："我会是都会做的啊，就是粗心算错了。"对此，您可要会判断并指导。一种情况是孩子为没有考好找个借口，让自己有个台阶好下；另一种情况是确实粗心失了分。您可以这样跟孩子说："细心是十分重要的学习品质。考试时唯有得了分才是硬道理，所以粗心和不会是一样的。"为避免审题或解题时因粗心失分，建议您时常督促孩子读题目时，用笔尖点着题目，边读题边圈出关键词、划出重点句，适时做些记号，以减少低级错误。

今天的休业式上，我给同学们布置了一项特殊的作业：按照期末考试的题型，以本学期所学内容为范围，突出重点、特别是期末考试中自己暴露出来的薄弱点，每人各出一份语文、数学、英语、科学试卷，并做好答卷。我想，这项作业十分有利于孩子变被动学习为主动学习，有利于梳理重难点、突破薄弱点，有利于在理解出卷人要考虑各方面因素的基础上提高平时学习的针对性和实效性。请您关注并指导孩子完成好四种试卷的命题任务，实在有困难的，可出部分试题。

三、学会把握"度"

根据我从教30多年来的观察研究，非常自觉、无需家长督促管理即取得优良成绩的孩子约占学生总数的10~15%。也就是说，大部分孩子的成绩是靠管出来的。但是，如果您开口闭口与孩子谈的就是学习的那些事儿，孩子一定会厌烦、抵触，反而会影响其学习成绩的正常发挥。

所以，您要尽量避免将学习生活化或生活学习化。也就是说，孩子读书、做作业的时候就一丝不苟有模有样地学习；而学习以外的时间就让其放松。而不是学校里一天到晚是上课、作业，学习学习，回到家里在您的嘴巴里出来也还尽是学习、学习。我的家庭教育实践中感到比较有效的做法是：女儿回到家中，先给她端上一盆水果拼盘，泡上一杯她爱喝的红茶或普洱茶（这就是生活啊），然后简单地看一下她今天要完成的作业任务清单，问一声大致所需的时间，接着就很静心地进入各自用功做作业、看书、写文章的状态。待她作业完成了，又进入生活状态：看点报纸、点播一集湖南卫视的“快乐大本营”什么的，聊一聊学习以外的事。其实，我的内心是常常记挂着她的学习的，有时也会担心、焦虑。但我基本上保持内紧外松，要跟她谈学习的事，也是从她感兴趣的人、事，音乐、书刊、文章等外围开始聊起，渐渐地表达自己想给她的学习上的要求、建议等。这样，家庭这个温馨的港湾中有学习，但更有生活、亲情，孩子在充满生活情趣的氛围中，宽严有度、有张有弛，心情就会比较愉悦，学习效率也会随之提高。

好了，“三会”、“三有”外，还有三个戒字。

一戒做语言的巨人，行动的矮子。想了许多办法，也设想了美好的结果，却少见行动，时过境迁，想法、计划、一些确实很不错的点子都成了美丽的肥皂泡。

二戒三天打鱼，两天晒网。心血来潮时，听完一个好的报告讲座后，热血沸腾、干劲十足，对孩子管得很严，陪在孩子身边的时间很充足，一旦有点忙起来或遇到点挫折即偃旗息鼓，不闻不问，几次下来，孩子摸透了您的

"雷声大、雨点小"、虎头蛇尾的性格脾气后，就会铭您的空子，跟着您犯"冷热病"。

三戒操之过急缺乏耐心。学习是一项蚂蚁啃骨头——慢慢来的劳动，慢工出细活。因为影响学习的因素很多，所以需要您克服立竿见影的思想。

亲爱的家长：只要您有等待的耐心，有精耕细作的恒心，讲究方法，用心指导，相信您孩子的成绩一定能有新的提高。

祝您

合家龙年吉祥！

潘志平

2012年1月13日

怎样帮助孩子掌握良好的学习方法

亲爱的家长：

见信如晤！

在这一次《家校连心桥》回信中，很多家长说怎样帮助孩子掌握良好的学习方法是自己最大的困惑。

我觉得，解决学习方法的问题得先解决两个误区。

其一，把"学习方法"简单地当作学习成绩欠理想的一个归因。许许多多的孩子说："我上课听听是懂的，书看看是会的，就是作业要做错，考试想不出来。"却很少问问自己："我为什么会这个样子的呢？"不少家长也总是说："我孩子聪明是聪明的，说他（她）不努力也不对，考得不太好就是学习方法有问题。"学习方法成了成绩欠理想的一句托辞，或者是给自己的一个心理安慰。

其二，把"学习方法"笼统地当作一个大的箩筐。很多次，当我问家长"您觉得您孩子学习方法不对，那么到底是哪方面有问题"时，家长往往说不出个所以然，也就始终无法帮助孩子找到正确的学习方法了。

的确，学习方法对许多孩子来说都是个不小的问题；但是，它其实一点也不玄乎。只要您按照学习的规律，结合自己孩子的实际，像做CT切片检查后治病一样，把学习方法细化、具体化，细细地分析，对存在的问题一个个用心进行有针对性地校正，相信您能帮助孩子改进学习方法，促进效率和成绩的提升。

在您读下面的内容之前，我还得说明三点：①您千万不要认为这些东西没有太多的"新花头"而不屑一顾。学习本来就是一件朴素的事，不需要搞"花架子"。每一环节坚持不懈地落实到位才是真理，用成绩说话才是王道！②认为学习方法指导是老师的事。这句话不错，但只对了一半，老师要根据自身优势把方法传授给孩子，但在目前班级授课制的背景下，老师在一个一个学生抓落实到位就没有您这样的优势和条件了。③学习方法最终是要靠孩子本人去抓落实的，所以，您最好能带着孩子一起来读这封信，已做到的打上钩，没做到的就作为问题。

OK，请您带上孩子，我们一起来探讨学习方法吧！

第一步，预习什么？怎么预习？

通读一遍将要学习的内容，找到与前面所学知识的联系，了解新知识的重点难点。自己的疑难点则一定要用笔划出来，作为听课最要关注的内容。做一做课后练习，对做不出的题目做上记号，力求通过听课得到解决。

预习时，切忌蜻蜓点水式随便翻翻书就算完成了预习任务，而是要深入看书，有思考，有疑问，从而使听课更有针对性。

第二步，听课怎么听？课堂笔记怎么做？

听课前，把课本、课堂练习本、笔准备好，避免要记笔记要动笔操练了，才从比较凌乱的抽屉里、包包里大海捞针式地去找笔、找本子。其他同学一道题做好了，他（她）的本子还没有找到；老师讲到下一个环节了，他（她）课堂笔记才刚刚拿出来……您说，这样的方法有没有问题？

听课时，眼睛看着老师，思路跟上老师，注意力就容易集中。心理学告诉我们：注意是心理活动对一定对象的指向和集中，是心理过程的动力特征。衡量一下，您孩子上课45分钟里注意力集中了几分钟？上课是学习的主阵地，务请牢记："能在课内解决的决不带出课堂！"许多孩子步入了"堤内损失堤外补"的怪圈，认为"反正书本上有的"或"反正课外有辅导老师给我补的"，上课就有点无所谓或稍微碰到点障碍就留到课外去花时间弥补。也有部分孩子在老师讲课时去做其他题目甚至其他学科，貌似自己很聪明或时间抓得很紧，其实他（她）不明白这样的道理：老师在讲这一题目的时候，常常是经过思考、会通过这道题目进行拓展深化，以实现对这题所涉及的知识点真正掌握的联系。更重要的是，老师往往还会以点带面，对一类题目进行整合，进而把思维方法、解题思路、采分点、答题规范等传授给孩子。所以，除了极个别确实已滚瓜烂熟的知识点或能力超常的孩子外，听老师的话，规规矩矩、专心致志地听讲一定没错！

我认为，造成孩子成绩好差的主要因素在于课堂听讲时是"真懂"还是"假懂"。假懂就是"好像我懂了"，老师问"懂了吗"，他（她）回答"懂了"，学习进程就停止了，一旦做题、测试却又不会了。因为他（她）的懂停留在表层，停留在听课的那会儿，听得很高兴，认为自己懂了就没有跟进复习巩固。而"真懂"是指孩子听得很投入，跟着老师进入了学习、思考、探究、活动的角色，一边听一边把听懂的东西作深入的思考；课上马上开动脑筋记忆，将听懂的东西内化为自己拥有的知识。对照一下，孩子属于哪一类？

记笔记不能是眉毛胡子一把抓，把什么话都记下来，把时间都花在记笔记上；也不能是条条杠杠记了一两句话，抽象的概念、难理解的知识点一般需要记下一个例题或图表帮助理解，使抽象的东西具体化、形象化。如"比热大的物质能做冷却剂"这个知识点，就可以记一个水的例子来理解：水能做冷却剂，是因为它的比热大。

第三步，作业怎么做？纠错怎样纠？

很多同学都是拿出作业就做，做完了就认为今天的学习任务完成了，每天的课余时间是在"赶、干"作业的过程中度过的，作业的效果不佳。比较理想的方法是：让孩子先简要翻一下课本和课堂笔记，然后合上书本，再开始做作业。尽最大可能从孩子脑子里提取知识，在作业中运用知识，而不是一边查找书本，一边记录答案。发现哪里不会做，便是知识或能力的漏洞，不要马上去查书本、问老师或同学，而是在独立思考的基础上，再作针对性的提问或强化巩固。

不止一两位老师跟我讲，有一些题目或知识点一遍遍地讲，一次次地考，但总有不少同学还是做错。为什么会出现这种情况呢？一是孩子本身对这块知识没有真正理解，没有内化为自己的东西；二是孩子心智发育水平没有达到那个程度（比如有的同学初一始终弄不懂，到了初三一点就通了）；三是孩子没有用心纠错。

其实，纠错比做新题更有价值。对错题，要问问自己：我当时是怎么想的？正确的答案的依据是什么？为什么用这种方法、思路？下次碰到这类问题应怎样避免这次的错误？纠错时，把错题重做一遍，最好找同类的题再做两三题进行有针对性的巩固强化。

第四步，怎样实现日日清、周周清？

人的学习是不断地与遗忘作斗争的过程。根据艾宾浩斯的遗忘曲线，知识识记后的两三天内遗忘速度最快。所以，您和孩子要努力做到“趁热打铁”，把每天、每周的知识及时复习、巩固、梳理，今天要背的东西今天背掉，这周要问的问题务必问掉，防止把识记的内容和问题累积起来，“欠账太多还不清”。

通校生每天可用十几分钟时间请父母用抽查的方式，把书本画起来的重点、笔记中记下的内容，随机问几个问题背一下或者把当天学过的主要内容讲一遍给父母听听；住校生则可在每周五把所有作业本、讲义拿回家向家长作一个展示、汇报，把一周的问题作一清理。所有孩子都尽最大可能不把上一周的疑难留到下一周去解决。

对大多数的孩子来说，日日清、周周清是可以做到的！如果能坚持每天、每周这样做的话，好成绩就一定属于他（她）！

第五步，怎样用好属于自己孩子的学习资料？

成绩优秀或进步比较大的孩子在介绍自己的学习经验时，总会提到拥有“纠错本”和“自己的学习资料”两件事。原来，在学习过程中，每一位孩子都或多或少地会形成相

对的薄弱学科，或某一学科的薄弱环节，或某一环节的薄弱点（如科学中的电学的计算题）。由于班里四十多个孩子情况都不一样，老师很难进行针对性这么强的教学，您和孩子可以通过自己的力量弥补学校教育的不足，讲究方法有效地解决"薄弱"的问题。

请您让孩子拥有一套（各门学科）符合其实际程度的课外辅导资料。针对自己存在的"薄弱"，有选择地做一些练习，进行针对性较强的训练，每周从练习中发现三到五个问题，及时地问老师、同学。这样，孩子就找到了自主学习的抓手，有了自主学习的方法，进而步入"主动学习→培养兴趣→成绩提升→体验成功"的良性循环。

第六步：怎样将知识系统化？提高综合运用知识的能力？

不知您孩子有没有这样的情况：平时学得不错，作业啊，单元测验啊，听课时的反应和发言啊都没有问题，但一到了期中、期末考、进入初三复习阶段却大相径庭，是什么原因呢？

我认为，缺乏系统化、统整知识的方法和能力是主要因素。解决的办法是：

把每章、每节碎片化的知识，所学的概念和原理连成线，结成网，放在整个知识体系的"知识树"上，使学到的知识系统化、规律化，在脑海中建立一个知识的模型。比如：科学的力学部分，密度、压强和浮力的考点特别多，就一块知识而言，学生都会掌握得不错，而一旦把知识综合起来或学过以后时间一长，学生对这块知识就驾驭不好。对此，我们可以让孩子画知识树，也可以用"实验探究"的方法来完成知识系统化和网络化的过程，例如："测量小石块密度的实验"可实现以点带线，以线带面，既复习知识又训练能力的目标。有五种方法来做这项实验：方法一，只用天平、量筒的常规法。这个方法涉及天平和量筒的使用方法及密度概念的实验。方法二，只用天平测小石块的密度。这个方法涉及浮力中排开水的体积等于小石块的体积的等量替换的思想。方法三，只用量筒测小石块的密度。这个方法是利用漂浮条件来测小石块的质量。方法四，只用弹簧测小石块的密度。这是浮力的综合运用。方法五，用杠杆和弹簧测小石块的密度。这是杠杆和浮力的综合应用。

这样，一个实验用多种方法去做，就把力学部分点点滴滴的相关知识网络化、系统化了，学习效果自然就比较理想了。

亲爱的家长，学习有法，学无定法。只要您引导孩子遵循学习规律，把学习的常规方法做到位，再根据自己实际寻求适合自己的有效方法，相信您孩子的成绩一定会有新的提高。

祝您

马年吉祥、马到成功！

阿潘校长 志平

2014.1.23.

怎样培养孩子良好的学习习惯

亲爱的家长：

您好！

应您的要求，上封信中，我们从六个方面谈了帮助孩子掌握良好学习方法的话题。这封信中，我想与您聊聊您希望我谈的第二个问题：怎样培养孩子良好的学习习惯。

学习习惯是什么？它是经过长期坚持而自动化了的学习行为。这句话中，有三个关键词：长期、坚持、自动化。“长期”说明培养学习习惯这件事儿宜早不宜迟，小学时形成最佳。小学的习惯不够理想的话，初一就得花大力气培养。如果您孩子已初二、初三甚至高中了怎么办？宝贵时间已过，那请记得哲人说过的另一句话：只要现在开始，永远都不会迟。“坚持”要求您和孩子克服困难、惰性，直到习惯形成。“自动化”说明习惯一旦形成了，学习就会在这个轨道上运行，受益终身。所以，做好磨刀功——花时间、精力培养孩子学习习惯是一件很有价值的事。

除上封信中的六种方法通过一段时间的训练形成习惯外，我觉得还要讲究策略培养以下六种习惯。

第一大习惯：书写清楚、美观的习惯

书写，要在字迹端正清楚的基础上追求美观。不要怕浪费练习书法这点时间，把字写清楚、端正对中考、高考的贡献可不小哦！只要您和孩子一起下点功夫，每个孩子都能养成书写清楚的习惯，都能避免因字迹模糊、卷面不清而在考分上吃亏情况的发生。

如果您的孩子书写有问题，根据我摸索出的成功经验，建议您这样做：发扬蚂蚁精神，每天作业前盯住孩子先临摹一张字，练字的量可根据作业多少调整，但每天不少于50字。然后，孩子做作业时就督促其按刚才临摹的字的框架结构书写，因为这时他（她）脑子中有字帖上字的印象。如果能上书法班，拜个老师学一学，当然是最好的了，那样可帮助孩子掌握书写的方法，还可以使他（她）的书写从端正清楚走进赏心悦目的境界呢！怎么样？今天就开始练字吧！

第二大习惯：计算正确、速度快的习惯

计算，要在正确的基础上求做得快。计算可是影响数学、科学两门学科的大事。考试是看结果的，最可惜的失分是"会做的却算错了"。算错了等于不会做，对吗？

如果您的孩子计算上粗心马虎被扣分，或计算速度较慢导致作业时间较长、考试时间不够，您不妨这样试试：请老师帮忙出题，或者自己从电脑上下载加减乘除四则运算题，组成"我要算得对又快"计算专项练习，每套30道题，按照先易后难的顺序排列，根据孩子的程度限时完成。第

一阶段先组30套，每天一套。事先与孩子约定，做错一题另外加做一题或几题，完成得漂亮则给一点小奖励，每天记录完成的时间和成绩。第一阶段完成后，根据实际情况，再组20—30套，强化训练到过了计算关为止。

第三大习惯：多阅读、深度阅读的习惯

阅读，要在爱阅读的基础上走向会阅读。阅读是最为重要的学习习惯和能力，这一能力影响所有学科的学习，语文、英语自不必多言，现今的数学、科学题阅读的要求也很高。成年人的阅读、理解能力比孩子强，建议您这样培养孩子会阅读的习惯：孩子做作业、看书时，您也和他（她）一起看题（文章）、做些分析，在孩子读完题，特别是其感到困难时，您把自己理解题目的思路、圈画出的关键词、句与孩子讲解分享，目的是带着孩子学会筛选信息，把握题目（文章）的本质、内涵，对照问题分析前后联系、梳理归纳要点。这样一对一的共同学习对帮助孩子理解题目（文章）、深化知识，培养、形成阅读的习惯，提升阅读的能力是非常有实效的！

第四大习惯：仔细审题检查、从容应试的习惯

审题、应试，秘诀在于心态平和、克服浮躁。

有不少孩子，做作业或考试时认为题目不难，却一时半会会想不起来，或者做出来了却不能得满分。这是什么原因呢？

根据我的观察分析，除了对所学知识没有真懂以外，最主要的是做题时心态浮躁，拿起题目就做，条件没审清甚至题目只读了一半，哪能得满分啊？！

建议您督促孩子这样做：读题目的时候，手里拿着笔和草稿纸，在题目上圈画出关键信息，在草稿纸上写出明确的已知、求证或求解，画个图或制张表把题干梳理清楚。许多时候，看了半天没看出个门道，一下笔就找到了路子。如做英语听力题时，边听边快速地在草稿纸上记下相关信息，然后再做题目。时常提醒孩子：做题时题目没审清，急匆匆地完成任务，结果答案错了，等于没有做，到头来是竹篮子打水——一场空，劳而无功呢！

另外，还要督促孩子养成做完题后回头看一看、查一查、悟一悟的好习惯。有的同学平时学习就限于把作业快点做完，考试时即使有时间宽裕也静不下心来仔细检查，导致水平不错，但得分不高。您需告诉孩子：题目是永远也做不完的！做题时要考虑“我为什么这样做”，对典型的题，多考虑“我还可以怎么做”“我今后遇到这类题目该怎么思考，从哪几个方面找到切入口，破题”。心平气和地做完试卷后，珍惜每一分钟，集中注意力静心检查。比如，英语的完形填空题，要求孩子把所选答案的词（词组）填入文中空格，读一读，语感上很顺畅的答案，正确率往往很高。

第五大习惯：勤问问题、会问问题的习惯

问问题，要问，但不能一碰到问题就问；要问老师同学，还要问词典。

不太问问题的孩子，一般有两种情况：一是孩子性格内向或自信不足，不敢去问老师问题；二是缺乏钻研习惯，没能发现问题，提不出问题来。您可和孩子做个约定：每周至少去问老师一次问题（语数外科各一次），去课外班辅导老师那儿时，每次带着3个以上的问题去！

要特别提醒您孩子的是：要"厚颜无耻"地去问问题——哪怕是简单的题，只要是自己不懂的，一定得问个"水落石出"；但是，不能一碰到问题就问——自己想都没有想过的问题，一定不可以"不加思考"就跑去问老师、同学。养成这样的习惯：碰到问题先问问自己："有没有认真思考过，到底会不会？"向人请教的应该是自己尝试过实在解不出的问题，这样问问题才有价值。

前几天与一毕业生闲聊时，她告诉我这么个情况：初三时，她去问数学题目时，王老师一开始常会给她个下马威："这么简单的题目不会做？再想一想！"被王老师这么一逼，不少时候还真的靠自己想出来了。实在想不出时，王老师则会非常细

心地帮助她。我直赞叹：王老师的方法真好！

会问问题还在于同同学问题时，多多参与讨论，而不是只求问个答案；碰到典型的题目时，最好多问老师，因为老师往往在讲题目时，还会教给孩子方法、思路，能举一反三地进行思维的拓展。

第六大习惯：一个时间专注地做一件事的习惯

不少孩子，学习的时间花得很多，看起来是一天到晚都在忙学习，却是磨磨蹭蹭，一会儿在做数学，想到有一篇作文还没写又马上去写作文，感到作文没东西好写，又动手去做科学……桌上的时钟已指向晚上10:00却还有三门课没完成，每天学得很辛苦，学习却始终不见起色。

要改变这种情况，计划、规划是基础性工作。睡觉前把第二天要读、背的内容详细地写在纸上。晚上或节假日开始做作业前，花3—5分钟把每个时间段要完成的作业清单列一下，放在桌上，做完一项钩掉或划掉一项。把每天的学习、生活、运动时间按轻重缓急安排得井然有序，学习起来就不会忙乱、焦虑。

让孩子在桌上放一个小闹钟，按"作业清单"上的内容，做完一件对照一下时间，评价一下自己学习的效率，给自己一个奖励或惩罚。闹钟的"滴嗒"声还有助于帮助孩子一旦坐在书桌前，就进入适度紧张的学习状态。

亲爱的家长，英国哲学家艾蒙斯说过：习惯不是最好的仆人，就是最坏的主人。怎样把上述习惯变为孩子学习、生活最好的仆人，建议您做到：

一、严格的督促和适当的表扬相结合

懒惰和自由是人的天性，做习惯是有点痛苦的事，一定需要您的督促，而且是坚持不懈地督促一两个月甚至更多的时间，孩子良好的习惯方能见效。根据我的了解，做习惯的过程中，第一个放弃的常常不是孩子，而是家长！所以，为了有效，最好您和孩子建立起相互监督的机制，对执行得好的行为、形成的良好习惯进行适度的表扬、鼓励，反之则批评、惩罚。

二、针对性地陪读

对于注意力集中时间较短（只能坚持十多分钟），稍微做点作业就要起身去上厕所、倒开水、吃东西的孩子，建议您在孩子做作业、看书时，坐在孩子身边一起看书。对于注意力相对比较集中但不是特别自觉的孩子，建议您要求其做作业时把房门打开（当然，您得把电视关掉，也不要发出其他影响其做作业的声音）。对特别自觉的孩子自然可不作此要求。

我知道，有的家长存在"用世界上最先进的武器都打不开孩子的房门"的困惑。但是，事实上，孩子许多不良的学习惯都是在关上房门后，把自己锁在房间里"用功"形成的。我想，只要您真心想做这件事，用道理说服、用家规坚持让孩子形成做作业时不锁门、打开门的习惯是行得通的。

三、必要的处罚

不知您有没有这样的经历：有时，跟孩子讲道理是没有用的。道理讲了一箩筐，还不如一顿骂或动一次手。为什么会这样？因为初中的孩子基本道理大多都懂了，有时候讲起道理来可能比您讲得还要深刻到位，但他（她）还处于脑袋管不住手脚的阶段，所以我发现惩戒真的是必要而且有效的教育手段之一。古人"玉不琢，不成器"是有其深刻的内涵的啊！当然，处罚一定要讲究方法，如事先立下违反什么该怎样处罚的规矩；处罚要就事论事，避免"算总账"；处罚要立即执行，避免拖泥带水，失去时效性；最主要的是，处罚得"节省"着用，不到万不得已绝对不打不骂，要打要骂一定是动真格的。处罚时还得以孩子的身体、心理安全为前提，处罚不适用于所有的孩子，不能以您的情绪决定是否处罚。

祝您的孩子

拥有终身受用的良好学习习惯！

阿潘校长 志平

2014年1月5日

孩子学习上遇到困难怎么办
——我帮女儿的小故事

亲爱的家长：

您好！

孩子学习的路途上，难免会碰到一些困难和问题。面对这些困难和问题，我体会最深的是：一定要以最快的速度帮助孩子解决薄弱学科、薄弱知识板块，帮助孩子突破重点和难点，一旦过了那个“坎”，可能就进入了一马平川；如果过不了那道“坎”，孩子也许就成了学业上的门外汉。

我的经验是：抓住两个字，“快、狠”，倾全力攻克“堡垒”。“快”是指一旦孩子出现学习困难和问题，出手得快，马上补，不要等问题累积起来。因为学习上的问题，如果不及时解决，会像滚雪球一样，越滚越大，而且这个“雪球”增大的速度不是匀速的，越到后面加速度越大，直到主人以“债多不愁”的心态放弃。“狠”是指对薄弱环节，“集中优势兵力、集中火力，速战速决”。实践证明，这是一种非常有效的方法。

您知道，“兴趣”是最好的老师，孩子往往会因为喜欢这门学科，就愿意在这门学科上花时间，而且会不知被拖。"不怕"是良好学习心态的底线，孩子会因为害怕某一门学科或某门学科的某一块内容（如数学的函数、科学的化学、语文的古文赏析、英语的完形填空），他（她）一碰到这类作业心中就没底气，就会把这类作业放到最后去做。考试时一考到这类知识点甚至这门学科，心中就"发毛"，心理上先被打败了，就很难发挥出应有水平，考出理想成绩，进而步入"恶性循环"——越怕越学不好，越学不好越怕。一门学科或某一块内容没有学好，会影响到整个学习状态。

根据我的观察和分析，许多学习成绩欠佳的孩子都是被"薄弱"打败的。所以，您一定得高度重视孩子薄弱学科、具体学习问题的及时弥补。

根据我的实践经验，对于上课听不太懂、跟不上学习节奏的孩子，您可按缺什么、弱什么补什么的原则，有选择地提前量的预习型的补课，即先把下周要学的内容在双休日过一遍，目的是让孩子上课能听得懂，能参与到课堂活动中去，能举手发言，课后作业按正常速度完成、正确率高一些。这样，孩子就不太会惧怕这门学科，信心就会越来越强。

下面向您介绍我帮助女儿解决学习上困难的七

则小故事，但愿起到抛砖引玉的作用。

故事一：帮助女儿把作文写长。

女儿读小学三四年级时，我发现她写作文时总是咬笔杆，问其原因，她说没东西好写。怎么办呢？我去新华书店买了两本小学生优秀作文选。每天晚上，我陪她读1—2篇，边读边分析、归纳这些优秀文章是怎么开头、结尾的，中间怎么展开。连续一周都读同一类型的文章，如写人的"我的妈妈/老师/同学/好朋友"，还有叙事的、写景的等等。读完一类文章，女儿认认真真地模仿写一篇。坚持半个学期后，她再也没有出现写作文像挤牙膏的情况了。到小学六年级，作文成了她的强项，语文王老师说她不但会写记叙文、议论文，还会写散文、诗歌，还在报刊上发表了不少文章呢！

故事二：帮助女儿把阅读答到要点上。初二时，女儿考语文阅读题总是密密麻麻写了不少，得分却不高。问题的症结在哪儿？主要是没有掌握答题技巧，没有找准采分点。请教语文老师后，我买来一本《中考现代文阅读训练》，每晚请女儿做一篇散文、一篇说明文，做好后我和她一起对照答案批改，要求她记住答题的关键词、句。第二天，我让女儿先把前一天答得不

够理想的题目重新答一遍，要求文字精炼、表述到位，然后体会这道题与文中哪些内容有关，需要从哪几个角度作答，如何表述才能得分高。做了15篇后，女儿的阅读题得分明显提高。

故事三：帮助女儿突破数学上的瓶颈问题。

初三时，函数与圆相结合的题型成了我女儿数学上的一个薄弱点，拿到题目时，她常找不到切入口。我找了位数学老师，请他帮其梳理这类题的解题思路，并精选了20道题，让其练了讲，讲了练，又根据掌握的实际程度补充了几道同类型题目，以达到举一反三、真正弄懂、内化为自己的知识和能力的目标。这样补了三四次课后，她终于突破了这个瓶颈。

故事四：帮女儿过计算关。

可能是女儿小学时四则运算没有完全过关的缘故，到了初二，她的数学、科学，总是因计算错误失分。我为她准备了每天的计算能力训练题，每天根据作业量，限时做50—100题计算题，做错一题加两题。

故事五：帮女儿突破科学实验题。

我和她一起挑选了一本科学分类专题复习用书，

主要由她自己钻研、琢磨，我带着她去老师那里请教疑难问题（每次去请老师辅导时一定是带着问题去的）。

故事六：帮女儿过英语背诵关。

当我要求女儿背英语课文时，她会找点理由说实在没时间背、背不下去等。于是，我们一起商定，每人一本《新概念英语》第二册，两个人一起开始背，背完了一起默写，谁输谁请客。这样，她就来劲了。背英语课文这个关也就这样闯过去了。

故事七：帮女儿解决书写问题。

有一次，我女儿高三的语文老师看到校报上我写给家长的信时说："要是小潘能把字写到你这个样子，她的高考语文还可以多得5分！"回到家中，我就和女儿商量，每天抄一页周国平等的优秀散文。晚自修放学回来，先由我端端正正地抄好，她再照着我的抄一遍，一来是练字，二来也是语文素材的积累，效果不错。高考语文的125分得分中说不定就有这书写的功劳呢！

亲爱的家长，看完上面七个小故事，您可能会说，怎么有可能有那么多的时间做那么多事啊。其实，这些事并不是同一时间做的。我是哪个阶段出现什么问题，就遵循"快"、"狠"原则，有针对性地帮助女儿解决什么问题。只要用心，这些事相信您一定能做到，而且会比我做得更出色。

顺祝

您们孩子学有所长！

阿潘校长 志平

2012年12月16日

怎样帮助孩子管理时间

亲爱的家长：

中秋刚过，国庆又至。昨晚月圆之夜，正遇上我去北京校长班培训学习，故只能在此送上一份迟到的祝福：恭祝您合家节日好！

这个学期是我校开展"效益质量年"活动的第二阶段。回顾第一阶段的日日夜夜，我们二中人付出了许多，也收获了不少。展望新学期的点点滴滴，二中人更需发扬团队作战精神，凝心聚力；从细微处入手，真抓实干；在实效上下功夫，讲究方法，整合校内外各方力量，一心一意谋效益，同心同德促进学生、教师和学校的发展。

为此，我们审时度势，确定了二中人今年的工作策略是：从观念、制度、环境三个维度重构学校文化；以教师千方百计吸引学生积极主动参与学习为重心推进合作学习；既弹好钢琴，抓协调，又重点突出求实效，深化"效益质量年"活动。期待您在回信中给我们提出宝贵的意见建议。

就孩子而言，"效益质量年"中承载的主要任务是提高学习的效率，追求学习的效果。也就是说，要从比拼谁花的时间多走向比拼在有限的时间内完成学习任务的速度和质量。因为不是每天学习24个小时就一定能学好，我们要引导

孩子精力充沛、注意力集中、富有效率地学，关键是抓住帮助孩子管好、用好时间这个牛鼻子。

在用好时间方面，浙江省高考状元陆文有一句非常经典的话："不是抓紧每一分钟学习，而是抓紧学习的每一分钟。"建议您让孩子抄下来，作为学习座右铭，经常提醒、鞭策。

具体来说，您怎样帮助孩子管好、用好时间呢？简言之，三部曲：一是作出诊断，二是开好处方，三是持之以恒地帮促治疗。

先谈作出诊断。平心静气地与孩子坐下来，花上半个小时，仔细、具体地分析一下孩子在利用时间方面的优势和不足。方法是让其自己先说，评估一下目前自己用好时间、学习效率方面做得好的和不足的地方，然后根据您的观察和分析说说您的想法。优点要充分肯定，如回到家中首先把作业做完再看电视、上网有节制、利用零星时间记单词等，边说边将这些优点写在一张纸的左半边；缺点要毫不掩饰，发现问题才能解决问题，对吗？存在的问题和缺点可写在那张纸的右半边。

一般来说，在时间管理上，孩子主要存在这几类问题，请您对照一下：

1. 拖延。早晨不愿起床。明知许多作业要做，总想上午拖到下午，下午拖到晚上，今天拖到明天；学校里想"回到家里再做吧"，晚饭后又安慰自己："等我看完这集电视剧或这场球赛再做吧"；"十一"长假的作业，一号推过二号，二号拖到三号……直到明天要开学，今晚还在赶写作业至十一二点。欠债越多，心就越懒，行动越拖。有的孩子每天都要在他人的催促下完成作业，而父母讲得多了，又会嫌太烦。

2、忙乱。总感到每天要做的事太多，时间不太够用。做数学时想到科学还有实验要完成；拿起语文读了几行又改变主意去背英语，东一榔头西一棒子，时间花了不少，仍有许多任务完成得不尽人意，弄得精疲力竭、心烦意躁。

3、不专注。心里想"我要快快好好写作业了"，行动上却是刚坐下来十多分钟就起身倒开水、上厕所、吃东西，一听到大人在聊天，就转头去插话。

4、熬夜。缺乏时间观念，慢慢拖磨，过于精细求完美，导致时间总是不够用，大多数同学9点前能完成的作业，他(她)拖到10点甚至更迟。

5、凭兴趣。自己喜欢的学科、爱做的事情(如手工、小报制作)花的时间太多。没有对必须完成的作业统筹安排。

再谈开好处方。找准问题是基础，寻找合适的对策是关键。要想让孩子单位时间里学到的东西更多、完成做任务更佳，我们来看这样一个公式：

$$效率=\frac{劳动量-无效劳动量}{时间}$$

1. 为了减少无效劳动量，我们可帮助孩子做的第一件事就是和孩子找到一位时间的“好管家”。这个管家就是具体实用的时间表。每天在学校上课的时间是固定难以改变的，需要强化的是上课的45分钟跟着老师的思路（眼睛一般是看着老师的）。自由支配的时间就由“好管家”来管理。第一步做什么，然后做什么，再做什么，每一步预定完成的时间。如晚饭后先做30分钟的数学（一坐下来就开始做题目比坐下来拿起书预习更容易静心投入），然后背15分钟的英语课文，再开始复习一下今天学过的科学……10月1日玩一天，2日上午几点起床，几点到几点写一篇作文，然后……头天晚上睡觉前把第二天早读课或自己安排的晨读内容安排到位，以免晨读开始这里翻翻，那里读读，晨读结束少有收获，好像没背记下什么东西。

这个管家——时间表作用非常大。如果做得明确、具体，一旦做好马上动手按表上所计划的事情、时间行动，坚持不懈，日积月累，形成习惯，上述5方面的问题基本上就可以迎刃而解呢！

2. 帮助孩子在固定的时间内常做同类的事，做得多了、久了，便成了好习惯。习惯了的事，就如有了惯性一样，时辰一到，马上去做，不太会犹豫，也最少拖拖拉拉。因为天天如此，月月照旧，日久天长，每天到了那个时间，他（她）就会很主动、自觉地去做那件事。如每天早上洗漱完的第一大事就是大声朗读10-15分钟英语，回到家的第一件事就是看15分钟喜爱的球赛调节一下，睡觉前把一天所学内容大致过一遍，在听着英语录音的状态下入睡。形成了生物钟式的规律学习，最能提高效率。这一步很难实现，但它在"No excuse"（没有任何借口）的心理暗示和鼓励下，您和孩子凭意志和毅力是完全有可能完成的！

3. 和孩子商量好，进入作业、看书状态前把上厕所、吃东西这些零碎事都做好，作业、看书时集中注意力，没有特殊情况不起身。累了、困了，实在没心思了，就站起来走走、唱唱、跳跳、聊聊，而不是硬撑在那里耗时间。

4. 根据自己特点，确定做作业的顺序。一般来说，基础一般的孩子，先易后难，把自己拿手的，在比较短的时间内能完成的作业先做好。基础不错的孩子，可先做自己比较薄弱的学科或有点难度和挑战的题目，在头脑清醒、注意力容易集中的时间攻克"堡垒"，到了后面再做对自己来说容易的题目，就会感到时间利用率很高，占据了心理优

势。无论哪一类孩子，都要防止在一两道难题时“卡壳”了不再往下走，时间耽误了，心态也被搞坏了。

5. 帮助孩子调整好学习心态。孩子能按“好管家”的节奏，主动、自觉地执行计划，您就予以充分的肯定；孩子有了点滴长进，您就给予表扬、适当的奖励；孩子一碰到较多的任务或学习障碍叫累叫苦时，您帮其列一下任务清单，如果学习任务实在太重可适当减去可以暂缓的任务。

6. 安排好娱乐、休闲时间。动静结合，效率更佳。在每天、每周末或节假日适当带孩子运动、看电影、外出等。

最后谈“督促治疗”。持之以恒地执行时间管理的方法是解决存在问题的核心，对您、对孩子是考验，是成功与失败的分水岭。初三是初中三年最后拼搏的一年，需要您和孩子牢牢盯住，直到明年的6月12号、13号；初二是容易两极分化的一年，保持得住就稳下来了，稍有疏忽，一旦掉下去了就难以再爬上来；初一则需认认真真开好头，踏踏实实抓三年。

在“督促治疗”的过程中，您可准备一块小黑板或小白板，挂在客厅里，每天把计划、任务清单写在上面，完成一件马上划掉一件，完成得好立马鼓励，没有完成给点惩罚并督促整改到位。当然，您也需给自己一点压力哦！

还要提醒您的是：不要盲目把孩子送到培训班或请家教。哪些学科需重点突破，该请怎样的老师作辅导，怎样请老师有针对性地辅导都值得斟酌，不然的话，钱花了可能是小事，浪费不起的是您孩子的时间，对吗？比较有效的方法一是征求孩子内心的意愿、需求，征求一下班主任的建议，最好是能让孩子每一次都带着问题去辅导，您也要常常与辅导老师沟通一下辅导的内容、要求和效果。

祝您

以好办法赢得好效果！

潘志平

2004年9月30日

有助于孩子学得快乐一点的三个策略

亲爱的家长：

见字如面，近来可忙？

孩子进入初中后，您可能或多或少发出过这样的声音：现在的孩子真的不容易，每天都很忙，压力也够大的。

坦诚地说，在我国目前的人才选拔、用人制度下，一时半会儿谁都无法彻底摆脱中考、高考带来的压力，孩子辛苦，老师很累，家长看着心疼是比较真实的现实写照。有这么一个说法：“你想给孩子一个快乐的童年吗？那么他就可能有一个痛苦的成年。”这话虽然说得有点偏执，但现在的初中生、高中生要做到快乐学习确实不是一件容易的事。不过，我们还是能够帮助孩子做三件事。

第一件事：让孩子拥有一个愉悦的环境

1. 建立良好的关系，营造良好的学习氛围

相信您有过这样的体验：自己乐意去做、喜欢去做的事，做起来不会感到很累。您的孩子打心眼里喜爱您和老师，他（她）就乐意接受您和老师的观点，读书的时候心里快乐，学习成绩也就比较乐观。所以，良好的亲子、师生关系是快乐学习的重要源泉。您我要树立这样一个观念：孩子读书读得怎么样，很大程度上取决于他（她）和

我们之间的关系怎么样。

人是活在感觉里的动物，快不快乐是一种心态。人大多有"不患寡而患不均"的心理，所以，孩子做作业时，您尽量不要一边看电视或玩电脑一边催促孩子：不要磨蹭，不要开小差，不要看电视，快点把作业做好。因为那样孩子心里可能在嘀咕"凭什么你能看电视，我不能，不公平"。建议您最好也在一旁看看书，写写东西，有了浓厚的学习氛围，自然有助于孩子心平气和地把心思集中在学习上。

2. 学会说孩子乐意听的话

家长您最烦恼的就是孩子不听话。而许多时候，实际上不是孩子不听话，而是我们大人不太会说话。到底怎样才算会说话呢？请比较：

农民三句话培养好孩子：①孩子，爸妈没本事，你要靠自己；②孩子，做事先做人，一定不能做伤害别人的事；③孩子，放开手闯吧，实在不行，回家还有饭吃。

城里人三句话把孩子教坏：①宝贝，好好学习就行，其他爸爸妈妈来办；②宝贝，记住不能吃亏；③我告诉你，再不好好学习，长大后没饭吃。

细细体会一下，在劝导孩子好好学习方面，农民的三句话还真的比城里人说得好。下面再举几个例子：

①当孩子抱怨作业多或累时，您可以这样说：

"不急，我们来排排看，今天到底有多少作业。列一个清单，语、数、外、科各有多少；排一下时间，看看需要做到几点钟；完成一项就在清单上划掉一项。适当紧凑一点，可能也就比平时多做20分钟吧。反正要做的，与其愁眉苦脸、唉声叹气地做，还不如面带微笑、痛痛快快地做。这样不仅速度快，正确率也高。"

②当孩子一直在看他（她）喜欢的电视节目或者玩电脑，不肯去做作业时，您可用眼睛看着他（她），平和地说：

"孩子，保质保量地完成今天的作业需要多少时间？你打算再看（玩）几分钟？"如果他（她）回答说："我能完成的，再看十分钟，好吗？"您可依着他（她）："那可要说话算数哦！"等十分钟到的时候，您去关电视（电脑），他（她）往往比较容易接受。

③当孩子作业做得潦草时，您可以平静但语气坚定地说：

"孩子，我们在上次分析语文试卷时已经讨论过，因为你写的字阅卷老师看不清楚，至少丢掉6分。我们已经约定，从那以后的作业如果字不写工整，就得重抄。既然承诺了就得执行，你说是吗？其实，把字写工整并不难。你看，就这样横平竖直，大小基本一致，一字一字写清楚，好吗？"

④孩子考得不够理想，您可以这样说：

"孩子，我知道你的心里也不好受。这次考试的结果已经没有办法改变了。来，我们一起分析一下，找出失分的原因，真正把错题弄懂，把错因分析清楚了，吸取教训，相信下次你会有进步的！"

3. 对孩子的学习要求符合孩子的实际

学习没有方向和目标，孩子就很难有成就感和荣誉感，学习过程也就缺乏"追求"带来的快乐。目标和要求最好像"跳一跳可以摘得到的桃子"符合孩子的实际水平，太高了孩子没有信心，太低了则孩子没有动力。

4. 避免失败体验，多多享受成功

心理学研究表明，儿童生来是愿意学习的。为什么后来不愿意学习了呢？主要是失败的体验太多了。孩子不能快乐学习的根源在于他（她）体验不到成功的乐趣。所以您要想办法让他（她）经过努力，这门学科考试成绩比原来有进步了，那门学科又有不少难题被解决了，得到了老师的表扬和同学赞许的目光，他（她）就不会厌烦读书了。

人还有一个天性，那就是喜欢被表扬，不愿被批评，老的、少的、男的、女的都一样。您最好遵循这样一个规律：您不要拿您不想听到的批评的话去责骂孩子，千万不要说"我和你爸读书时成绩都很好的，你怎么会这么笨，成绩总上不去"。孩子只要有一点点进步，都要用心表扬，让其拥有"我在往前走"的感觉。

5、避免说来说去就是学习那些事

"考得怎么样啊"、"班里第几名啊"、"科学有没有做好啊"……这样的话要说，但不可以只是说这类话。孩子喜欢篮球、歌星、网络游戏，您最好能略知一二，他(她)说话时您能插得上嘴。跟孩子谈学习，最好能说得巧妙一点，如现在的雾霾这么严重什么原因啊？怎么解决？语、数、外、科其实都可以此来命题。从社会时事、热点来谈学习是一个不错的办法，在谈与学习无关话题的时候，实际上把所学知识与生活实际结合在一起，分析、解决问题。我曾把《钱江晚报》登载的一个话题："坐在路边鼓掌的人"拿出来与女儿讨论，结果恰巧当年的高考作文题也考了这个题目，收获可谓大矣。

第二件事：让孩子掌握一套适合自己的方法

有好方法，事半功倍；方法不当，事倍功半。学习效率高了，学习中享受到的快乐也会增多。您一要引导孩子提高听课的抬头率：听课的时候看着老师，眼神和老师交流，思路跟着老师走。二要督促孩子提高作业的堂头痛。孩子回家做作业，能做到不管有什么干扰，听到什么声音，都跟他（她）没有关系似的。这样的孩子学习品质一定是高的。三要形成“先紧后宽”的作业习惯，切忌正月十六开学了，正月十四、十五作业赶到凌晨一二点钟。

第三件事：及时帮助孩子解决一些学习困难

后进生是怎么诞生的？孩子在学习上遇到困难时，没有人帮助他（她）快速有效地解决，学习困难的“雪球”越滚越大，学习上就成了“后进生”了，赶不上人家，跟不上节奏，欠账越来越多，痛苦、压抑随之而来，离快乐学习就越来越远了。所以，您一定要记得随时帮助孩子扫清学习上的“拦路石”，一出现漏洞马上和他（她）一起解决。

第二、三两件事的具体方法的指导在其他信中有专门谈到，限于篇幅，在此只是简单提一下。

愿您的孩子

享受到更多的学习快乐！

阿潘校长 志平

2013年12月21日

和学生打雪仗，打得可欢啦！

六 阳光育儿有方法

每一个孩子都是一块璞玉，关键在于后天的雕琢打磨。怎样跟青春期的孩子沟通？孩子应该穷养还是富养？孩子犯错怎么办？教育孩子要讲究方法，“与孩子沟通不在于您说了多少，而在于孩子听进去了几句”。

怎样与青春期的孩子沟通更有效

亲爱的家长：

在第46期《家校连心桥》家长给我的回信中，初三(5)班的陶妈这样写道："孩子进了初三，我发现与孩子的沟通面临着很大的问题。以前儿子会把学校里的一切都告诉我，现在什么也不愿意说了，我很难走进他的内心世界，有时会有无奈的感觉。我现在最需要的就是沟通方法的指导。"

陶妈是位细心、用心的家长。实际上，与陶妈有类似苦恼的家长不在少数。怎样和有点叛逆的青春期孩子沟通确实是一道难题。经常听家长说，孩子上了初中特别是初二后，就像变了一个人一样，脾气越来越暴躁，简直就是个火药桶，一点就炸开，稍不如意就横眉冷对，或者就"砰"的一声把自己锁在房间，就像浑身长满了刺似的……

这时，如果您脾气火爆，沿用小时候您用在他(她)身上的办法或者您小时候爸爸妈妈教育您的方法，凭借力量的优势，劈头盖脸地骂一通甚至揍一顿，孩子可能会马上跟您顶撞，也可能一声不吭，貌似安静了，实际上离您越来越远了。

这时，如果您听之任之，孩子一发脾气，您就小心翼翼地"伺候"他(她),只会使孩子越来越任性,离您的愿望越来越远。因为孩子已不再是哄骗就可以解决问题的年龄了。

怎样和青春期的孩子有效沟通是一个非常大的题目,很难在一封信里说全面。而且,方法能否见效,也是因人而异。下面,我根据自己的亲身经历和所见所闻,谈七点体会。

一、多用心感应,真正静下心来和孩子交谈

您一定很爱自己的孩子。但是,您的"爱孩子"是否还只是停留在口头上,停留在满足其物质生活的层面上?

有人把"仁者爱人"中的"仁"字,解释为"感应",真正会爱孩子的父母能与其产生内心的感应,在有事没事与孩子海阔天空地聊天,静下心来听孩子倾诉的过程中,能从孩子的话语中,用心感受到他(她)的情绪,触摸到孩子的内心,感应到孩子的问题所在,进而根据孩子心里的想法,把话说到他(她)的心坎里去。

很多时候,孩子跟您发脾气,可能就是因为您没能与其产生感应,他(她)的内心对您有怨气,怨气积累得多了,就会借一两件小事来发泄。例如,你口口声声说:"我这样做,都是为了你好","你看看人家的孩子多优秀。

孩子会觉得您不是真心爱他（她），因为您的言行流露出来的大多是为了自己的面子。

许多时候，孩子不愿跟您多说话，可能是因为您没有静下心来倾听他（她）的心声，进而产生同理心。比如，孩子找您说话或您找孩子谈话时，眼睛没有看着他（她），没有形成视线上的接触，而是东张西望，浏览其他东西，做其他的活，甚至是一边打电话或一边发微信，一边和孩子聊天。青春期的孩子特别敏感，他（她）是很在乎他人对他（她）是否重视，是否愿意花时间静心与其交流的。

当然，和孩子谈话的时候，您也要留意孩子的目光是不是在您身上。建议您跟孩子商定个规矩："今后我们说话的时候，眼睛必须看着对方，谈话的时候一定要有眼神交流。"眼睛是心灵的窗户，有了眼神的交流，沟通才能没有障碍。

二、多用耳朵聆听，蹲下来倾听孩子的心声

"孩子越来越不听话了！"事实上，多半是您不听孩子的话导致的。因为按照习惯思维和沟通方式，家长总是站在大人的角度，居高临下地跟孩子讲道理、提要求。而进入青春期的孩子，自我意识越来越强，他们常用"有色""怀疑"的眼光看待周围的事情。您如果

还是用"你应该、你必须"等话语跟孩子说话，很容易激起他（她）的逆反心理，因为他（她）最反感生硬的、命令式的口吻。哪怕您的话是正确的，用这种方式孩子也听不进去，反而会被孩子定义为："你们已经老了，我们有代沟"。

沟通的目的是通过双方的交流，达成一致的意见。沟通沟通，要先挖一条"沟"才能够"通"，水才能流过来。我常用的开场白是"跟你商量个事，好吗"、"我认为……，你看这样行吗"。等孩子开始表达她的想法时，我会全神贯注地、静静地听她把话讲完，一边听一边在想："真好，她愿意说，我就知道怎么办了。"等她说完，我会说"女儿，谢谢你跟我讲了这么多"、"谢谢你把心里话都告诉老爸"。

上帝给人生了两只耳朵、一张嘴巴，暗示我们要少说多听。这一点，对与青春期的孩子沟通最为适用。特别是爱唠叨的老妈，更需做到"惜言如金"。说不说，说多少，看一看孩子的脸部表情是否表现出乐意听就可确定。跟孩子交流的时候，记得创设一下情境，等待孩子开口；孩子说话时，无论您有什么想法，中途最好不要随意打断孩子。就沟通场景而言，我觉得"汽车聊天室"是个不错的选择。我女儿读高中那会儿，我和她就是在每天早送晚接的车上聊天，常常聊得非常舒畅。因为车里空间小，也不易分心。

三、多用接地气的话语，找到孩子喜爱的沟通话语

这里的接地气，指的是要接上孩子喜爱的话语和话题的地气。进入青春期后，孩子很容易把自己封闭起来，您得多学习、了解孩子话语系统的"行情"，找到与孩子沟通的语言密码。比如看几本当下孩子喜欢看的书，上网搜搜流行的网络语言，冷不丁地用孩子的语言表达您的感受，如"听了你的话，我彻底凌乱了！"也可用孩子喜欢的书中的主人公，与其讨论一下是非曲直。这样，孩子会很惊喜，不会感到你out了，不会感到您和他(她)有代沟了，也就愿意和您说话。您也不妨多用愉快俏皮的语调和孩子打招呼，用朋友式的口吻与其对话。

您难免要和孩子谈学习、谈成绩，但切忌开口闭口全是学习。平时您需提前做些功课，了解孩子感兴趣的话题。孩子在追什么星，比如说哈利·波特、郭敬明、周杰伦，您也要去追一追；孩子在看什么书，您也要去看一看；孩子在唱什么歌，您也要学一学……否则您跟孩子没有共同的话语系统，您与其就缺乏共同语言，他(她)一句"你不懂的"，就把您的嘴巴堵住了。

面对孩子的同样一个问题，您可以用多种不同的方式应答；同样一句话，也可以用不同的语气说，这可真是一门学问。建议您读一两本心理辅导实际运用方面的书。我在2000年参加省心理辅导员上岗培训时，认真研读过香港中文大学林孟平老师著的《辅导与心理治疗》（商务印书馆）一书，受益匪浅。

四、多用尊重的姿态，平等地与孩子沟通

尊重是每个人最大的心理需求之一。青春期的"小大人"对"尊重"两个字尤其敏感。所以您在言谈中需表现出对孩子充分的尊重。您孩子一般不希望您再叫他（她）"小鬼"、"小孩儿"，更反感您对他（她）的想法置之不理，说"小孩子你懂个啥"，因为他（她）认为自己已经不小了。事实上，现在的初中生接受信息的渠道多，与人讨论的话题很宽泛，有许多时候对问题的看法确实不比您弱呢！

您跟他（她）提要求，请尽量多用商量的语气，如"我觉得"、"你看这样行吗"、"你说说看，应该怎么办更好一些"，说这些话时，语气可一定不能生硬，而是要舒缓、平和一些哦！

当与青春期的孩子发生冲突时，您要学会打一点"太极"，以冷制热，先把剑拔弩张冲突的"温度"降下来，再进行沟通。即使与孩子争论，您也要尊重、宽容孩子，求大同存小异，允许孩子保留自己的观点，不为一两句无关紧要的话较真，非要分出个是非，少施加高压和无端责备，因为青春期的孩子往往比较固执，脾气一犟起来，您就不是他（她）的对手了。这不表示您无能，适当地"退"是为了更好地"进"，您能站在孩子的角度说话，孩子就易软下来，接纳您的观点。您的暂时回避，耐心坚持，恰恰反映出您的教育智慧呢！

五、多尝试用书信等多样化的方式与孩子沟通

我从女儿读初中起，就给她写信，一直写到她高考前夕，觉得效果真的很不错！在许多家长学校的讲座中，我把用书信交流的方式推荐给了不少家长朋友，他们尝试后，也感到效果比口头交流好。比如初二(3)班刘偲涵同学的爸爸在女儿初一下学期进入青春期、成绩出现波动时，手写了一封书信，与其剖析成绩下滑的原因，明确父母的态度，说："出现目前状况是非常正常的事，早出现比迟出现有利。你在父母心目中始终是优秀的，成绩好坏只是其中的一小部分，我们坚信你的品格、能力和信心。面对暂时的困难，父母和老师会陪伴你一起克服。我们有信心把这段时间缩到最短，过渡得最平稳。"偲涵

收到信后显得很兴奋，迫不及待地与老爸交流了她的感受，并把书信放到自己的收纳盒中珍藏起来。初二上学期重新找回了自信，心智渐趋成熟，成绩回归到原先状态。

我的体会是，写信时比较容易静下心来，把自己的想法用合适的句子传递给孩子；书信可以一遍遍地阅读，孩子在读信时慢慢接受家长的想法；书信有助于避免语言的正面交锋导致孩子的逆反心理；书信有助于缓和气氛，使双方有合适的台阶下，特别是在严肃批评后，效果更好。

您还可以尝试用“借力”的方法与青春期的孩子沟通。即找一位孩子比较崇拜的、信得过的人，把您的意思用他（她）的嘴巴表述出来。我女儿跟她爷爷、奶奶的感情特别深，所以有时我就把我的想法和要求请我老爸跟我女儿讲，效果非常好。

六、适当用一用激将法

许多成功人士谈到自己的成功来自初创业时的不平之气。领导瞧不起自己，同事故意对自己的工作找茬，当时有一肚子的气，但正是那不平之气，使自己发愤努力，走向了成功。青春期的孩子处于最好面子的年龄段。有时您如果说他（她）不行，他（她）会做点成绩出来给您看看；您说他（她）做不到，他（她）偏偏会更努力去做到。

如果这招管用的话，对孩子的学业、志气、耐挫能力、拼搏精神等方面的培养真的非常有好处！但是，您不能滥用，不能太直接，不能被其一眼就识破。而是要巧妙地设计情境，比较自然地说："我估计这件事你是做不到的"，"看来这次你是比不过某某同学了"。

七、少用否定式的态度和话语

千万不能一开始谈话就否定孩子，以免孩子对您有抵触情绪。因为青春期的孩子对外界的看法相当敏感，所以一旦听到您说他（她）不对，简单化地否定他（她）的付出，他（她）就会脸红脖子粗地争论反驳。接下来的沟通就会无法继续或很难有什么效果。因为您说他（她）不对、不行了，您的理由他（她）根本没有心思去听，他（她）会想方设法找您的言语中的漏洞，来证明自己没有错。

因此，当孩子做了错事需要与之沟通时，请您千万不要直接用"这是你的不对"之类的否定句，而是请孩子先把事情的经过叙述一遍，表达一下自己的感受，再作客观的分析，肯定其做得还不错的地方，再把话锋转到其做得欠妥的方面，商讨改进错误的方式方法，这样，他（她）就比较容易接受您的建议和要求了。

亲爱的家长，我觉得与青春期的孩子有效沟通的核心是尊重孩子。有效沟通不是一朝一夕的事，需要您学会等待；有效沟通因人而异，需要您根据孩子的个性特点，在学习中不断实践，在摸索中改进方法。

顺祝

沟通顺畅，孩子顺利度过青春期！

阿潘校长 志平

2013年12月11日

怎样和老师沟通有利于孩子的成长

亲爱的家长：

见信如晤！

今天在家阅读时，看到《中国最需要教育的不是孩子，而是父母》一文，其中有这么一段话：

“学会用欣赏的眼光看老师。家长和老师是同一战壕的战友，一定要与老师结成同盟军。如果家长在孩子面前总是絮絮叨叨地诉说老师的‘不是’，批评老师，甚至与老师争吵，只会增加孩子对老师的排斥心理。久而久之，受害的是孩子，吃亏的是家长。”

应该说，我们的家长总体来说能以“相亲相爱心急人”的角色与老师交流。但也有不少家长与老师沟通的方式方法还存在一些问题，交流起来不够通畅，家长和老师步调不够一致，难以形成教育孩子的合力，导致教育的理念、方法不利于孩子思想、性格、心理、学业的健康发展。

我认为，这当中，有学校、老师方面的问题，也有家长方面的原因。今天，我想根据老师们平时与家长交流沟通时经常碰到的一些现象，与您聊聊以怎样的方式与老师交流更有效，更有利于促进孩子身心、思想、学业的健康发展。

一、老师希望您以这样的方式与其沟通

1、始终以同盟军的角色与老师进行沟通

这是最最重要的！因为老师与您的目标是高度一致的——都是为了您孩子健康成长！所以您在任何时候都要把老师当成友！唯有您和老师站在同一条战线，才能为您孩子的成长提供正能量。

您和老师都要尽量维护对方的威信，以免让孩子钻空子。您在孩子面前维护老师的威信，让孩子对老师很崇拜，很喜欢老师，孩子就会很喜欢老师所带的班级和所任教的学科，这是一种对老师、家长特别是孩子都非常有益的方法。有位家长是这样做的：

春游时，一位孩子在山坡上挖了一种他没见过的植物，就问老师。老师也不知道，但想到孩子的父亲是一位植物学家，就说："你回去问爸爸，他一定知道。"孩子把挖的植物给父亲看。他爸爸笑笑说："你的老师懂的知识多，老师不知道，老爸也真说不上，我查查看，以后再告诉你，好不？"

第二天，孩子上学，他对孩子说："你老师曾托我查一个资料，我查到了，放在信里。"说着他把一封密封的信交给孩子，让他转给老师。老师接到信，打开一看，上面写着孩子挖的植物的名字和关于它的知识。在信的结尾，这位父亲说："老师，我认为有关这植物的知识，由您告诉我孩子更好。我要让孩子懂得：老师的知识比父亲更多。由此，您的形象在他的心目中会更高大！”

2. 以信任的态度与老师沟通

彼此信任是有效沟通和合作的前提。初二（7）班姜俊豪爸爸说：“今天孩子在公益读书了，我就要相信公益的老师能把自己的孩子教好！就要站在公益的老师和学校的角度看问题！”每当孩子学习上碰到问题，姜爸总是及时与老师沟通，听取老师的意见，积极配合老师督促他孩子完成任务，所以，老师很愿意关注姜俊豪，全心全意帮助他。小姜进步很大，成长得很好。初二（10）班牛舸的妈妈会在牛舸与老师撒点小脾气时，主动与老师沟通，说一定配合老师关注孩子的情绪变化，维护老师在小牛心目中的威信。将心比心，老师肯定乐意和姜爸、牛妈这样的家长交流，受益的当然还是孩子。

3. 以合适的方式与老师沟通

现代沟通的方式很多，电话、短信、微信、QQ聊天、电子邮件、邀请家访或来校面谈等都可行。

无论孩子成绩优劣，当您觉得需要交流的时候就大大方方与老师联系。因老师需上课，有时不太方便接电话，您最好先发个短信预约一下。古人云“见面三分情”，如果您能和老师约个时间，直接来学校与老师进行面对面的交流

效果会更好一些。

遇到什么需要老师改进、解决的问题时，最好避免直接打电话给校长或中层，而是与当事的老师、班主任等联系，沟通时一般需把事情的来龙去脉弄明白，然后探讨解决问题的方法。确需学校层面处理的，再请领导介入。

与老师沟通时，语气宜和缓一点，尽量用商讨式的口吻，要避免一激动起来，便用质问的口气跟老师说话。老师如有做得不够周到的甚至有缺点时，也请在沟通时多一点包容、体谅、理解，因为老师也是常人，对吗？

4. 沟通的话题尽量全面一些

避免只问学习成绩而对其他概不关心。实际上，孩子最重要的是德性，取胜的是综合素养。敬畏师长、友爱同学、遵规守纪、讲究卫生、坚持锻炼、健康饮食，担任班干部、发挥个性特长等都是您需过问的内容。

与老师沟通时，除了关心自己的孩子外，如果时间允许，您也可以与老师聊聊家常，肯定一下老师的付出，鼓励一下老师的成绩，关心一下老师的生活。有位年轻老师在总结中写了这样一段话：“曾晓馨妈妈是位很善良的人。期中家长会上，她见到我时，说的第一句话是‘我们班的孩子很喜欢你’。当从家长口中听到孩子喜欢自己时，感到这是对自己最好的肯定，内心自然很高兴。有时，曾妈会在家校联系本上温馨地提示我紧张工作时，要多多注意身体等，让我特别感动，也增添了把自己的工作做得更出色的信心。我很喜欢和曾妈沟通，也很乐意帮助这个孩子。”

5、沟通的时间和频率要适中

因为老师确实很忙、很辛苦，所以请您在与老师沟通前把想表达的意思整理一下，把问题具体化，而不是用“好像状态不太好”这样的话说问题。沟通时尽量言简意赅，而不要从幼儿园、小学开始滔滔不绝地说。非特殊情况，打电话不超过5分钟，面聊不超过20分钟。沟通的频率一般为每月一次。您要避免平时基本上不联系老师，开家长会时一窝蜂似地找老师问这问那，因为那时的沟通很难具体深入。

6、沟通后把达成的意见落到实处

本学期开学不久，初三(8)班一位住校生家长给班主任张庆福老师打电话求助：儿子在校表现很好，可一回到家就像脱缰的野马，只关心两件事：睡觉、玩电脑，吃不吃饭都无所谓。

周一，张老师收齐了这男孩双休日四科的作业本。在惨不忍睹的作业本面前，张老师先让孩子说出了心里话，然后给了三点建议，并与家长取得了联系。周五，家长严格地按张老师要求与回到家中的儿子签订了合同，特别针对孩子对电脑有依赖的

实际，《合同》规定每周上网时间不超过2小时，而且必须在保证质量完成学习任务的前提下再玩电脑。事后，家长保持与张老师的联系，花时间、精力把《合同》落到实处，三周后情况明显好转。

老师特别希望家长能把他们的建议真正落实下去！只要家长跟着老师的节奏走，老师再苦再累地与家长沟通都愿意呢！

二、与老师沟通时，请您尽量避免下列情况

1、有点怕或有点顾虑。"怕"主要表现在觉得自己不太会说话，害怕在老师面前说错话。怕还表现在因为自己孩子成绩欠佳，感到不太有勇气去问老师或提什么要求。实际上，这部分孩子的家长更需要与老师联系。

有的家长不与老师联系的主要原因是考虑老师很忙，很辛苦，不忍心打扰他们。老师会很感谢这些家长的理解体谅，但是，只要家长有需要，老师还是很乐意抽出时间接待你们的。

2、有点居高临下或有点冷淡

家长以说教的方式，跟老师讲教育制度的弊端，讲老师教学方法应该这样、不能那样，这些话听起来有一定的道理，做起来却与现实脱节，没有办法操作。有的家长遇到问题不是主动与当事老师讲，而是动不动就打电话或发短信给领导，通过上级转告其意见和要求。

有的家长对老师发的短信不予理睬，打的电话冷淡应付。几次下来，老师再热的爱心也会受到打击的。

3、有点自我或太过挑剔

您知道，我们生活、学习在一个1000多人的公益大家庭中，有些事情确实无法满足每一个不同个体的愿望。如果家长只顾及自己的孩子，很少考虑到全局和其他孩子的利益，稍有不顺自己心的事就埋怨、发牢骚，或者鸡蛋里面挑骨头——对人对事过分挑剔，或者是道听途说，一与老师沟通就谈其他人、其他学校怎么怎么样，就很难使沟通心平气和深入进行。家长自我、挑剔易让孩子养成爱发脾气或斤斤计较的不良性格。

4、以不合适的方式和途径表达自己的想法

由于受主客观多种因素的影响，学校、老师难免有做得不够到位的情况。有的家长对用餐、校服、活动安排、放学时间、教学方法、同学交往等问题，一有想法就在QQ群、博客、微信上发帖、跟帖，展开热烈讨论，或以很不客气的口吻横加指责。人与人沟通最大的心理需求之一是理解尊重，不合适的方式显然会使沟通陷入被动。

5、听一面之词，为孩子护短

有的家长习惯了在任何情况下都把孩子当作托在手心里的宝，只听孩子说哪些活动不喜欢、哪位老师不够好，在没有和老师核实的情况下，就在孩子面前批评学校或老师，在班级群里散布负面信息和情绪。有的家长当孩子作业未能及时完成时，不去反思孩子身上的问题，而是责备作业多；有的家长当孩子无故迟到、把手机带来学校时，常会帮孩子找借口写请假条，甚至撒谎为孩子护短。

6. 经常咨询老师却总少见行动

有的家长与老师沟通的次数不算少，每次来都会向老师咨询问题，例如"我孩子是不是学习方法的问题啊？"老师一遍又一遍地进行指导，家长听的时候会"嗯嗯，好的，好的"进行回应，却只是听过算数，回到家里根本没有实际行动，更谈不上把方法、措施用到位。下次再来咨询时又是同样的问题。再到后来，家长只能是摇摇头说："孩子不听我们的话了，我管不了，全靠你们学校了。"须知，老师一人要管七八十个孩子，有时真的很难一对一顾及，更何况老师更不可能跟着孩子去家里完成相应的督促任务啊，您说对吗？

亲爱的家长，上面所述都是我们的老师在日常工作实践中碰到的一些案例和感悟，所指出的问题都是针对家长而言的。如果您觉得学校、老师在与您沟通方面有哪些需要改进的地方，请在回执中、给我的来信中或电话与我联系，我还是一句话："只要客观条件许可，我们主观上一定会全力以赴！"

愿我们的

沟通更具实效，孩子更好地成长！

阿潘校长 志平

2014年1月15日

孩子对老师不满意怎么办

亲爱的家长：

您好！

今天，我想与您聊一个比较敏感却又是十分现实的问题。无论您的孩子到哪儿上学，只要那地方是实行班级授课制的，几乎每一所学校都可能会碰到这个问题：孩子对班主任或是某位任课老师不是十分满意。这时家长您该怎么办？阿潘建议您：

第一步：重视并耐心听取孩子的想法

当孩子回来跟您说某老师存在什么什么问题，表露出他（她）对那位老师不满的情绪时，您得重视。因为孩子一旦不喜欢班主任，他（她）就不想进老师带的这个班；不喜欢某位任课老师，他（她）就不爱听老师教的这门课，作业也会敷衍了事。

这时，您千万不要孩子刚开口说了一两句话，就简单地对其提出批评，立马把他（她）的嘴巴封牢。正确的做法是：显示出您对其提出的问题很关注，耐心地听其把对老师不满意的原因、自己的想法说完。在孩子诉说的过程中，您可适时启发："到底发生了什么事，让你对老师有这么大的意见？请举具体的例子，好吗？"

这一步，您要让孩子感觉到，您是站在他（她）一边的，因为这样他（她）才会把话匣子打开，您才能听到其对老师不满意的真实原因，为接下来的工作奠定基础。

但是，您要切记：这个阶段您的主要任务是听，千万不能轻易表态，不能听了孩子的话就火冒三丈，在孩子面前表现出对老师的不满，对老师评头品足，甚至马上打电话要求学校换老师。

第二步：知己知彼，客观分析

知道了孩子的想法后，您要避免偏听偏信！因为孩子的心智发育还不够成熟，他（她）对老师有想法、不满意，常常会夹杂着不客观的偏见，有时还会添油加醋甚至编谎话来证明其想法。孩子的不满情绪，可能是班主任没有满足其当班干部、入团等要求；可能是老师对其不够重视，课堂里较少请他（她）回答问题或没有专门找他（她）交谈过；可能是老师对其比较严格，批评的态度有点过火或冤枉了他（她）；可能是他（她）对这门学科不感兴趣，成绩比较差；还可能是老师的普通话不够标准、他（她）不喜欢老师的着装等。当然，也可能是老师的某些想法、做法的确存在某些问题。

您可主动到老师那儿，以尊重、尊敬、虚心的态度，了解一下孩子在课堂内外的表现，听听老师对您孩子的评价。如果沟通的氛围不错，您可以把孩子的想法、自己的担忧委婉地告诉老师，真诚地请老师给您和孩子提点建议。您也可以小范围地问一两位其他的老师、熟悉的同学或家长，侧面了解一下这位老师的情况，以便对孩子和老师说的情况做出客观的评判，找出问题所在。

这个阶段，您的主要任务是想：在知己知彼，全面了解情况后做出客观分析和判断。在了解情况、与老师沟通的过程中，请您注意每位正常人内心都有心理防御机制在发挥作用，即人总是不希望把自己的弱点暴露在众人面前（我们平常经常讲"表扬宜在大众面前，批评则需单独进行"）。所以，您要和孩子、老师及其他相关人员单独谈，本着就事论事、妥善解决实际问题的原则谈，而不要动不动就在QQ群发议论，背后联络几个人说三道四，甚至打市长公开电话等。因为事态扩大后，受伤害最深的往往是您的孩子。

第三步，有的放矢，采取措施

如果根据客观分析，孩子对老师不满意主要是孩子自己出了问题。

您不要回到家中，就把孩子叫来狠狠教训一顿，因为那样他（她）会因恨老师向您反映了真实情况而更加不喜欢这位老师。您可以请孩子坐下来聊一聊，先表扬孩子值得肯定的地方，再具体分析一下他（她）当初跟您讲的对老师不满意的原因中，哪些是客观的、需要老师帮助解决的，哪些是主观的，需要孩子自己改正的。

然后，您把和孩子沟通的情况向老师反馈一下，请老师主动找孩子开诚布公地谈一次话，听听孩子的心声，适当解释一下上次批评他（她）的原因，为冤枉他（她）的那件事道个歉。请老师帮忙，上课能对其多提问几次；课后把他（她）叫到办公室辅导几次；在可能的情况下，给他（她）安排个小干部……让孩子感觉到自己在老师心目中是很重要的一个人物，以逐渐消除其对老师的偏见和不满，在其心中树立老师的良好形象。

如果根据客观分析，孩子对老师不满意是**老师方面存在某些问题**所致。

请您不要当着孩子的面，简单地否定老师或老师的教育方法。为了孩子身心健康和学业发展，无论您对老师或学校有什么不同的想法、意见，请您都以解决问题为出发点和目标，以合适的方式、正常的途径提出您的诉求，而不要采用过激的言行。因为您的态度、言行孩子会看在眼里，会直接影响孩子对老师的信任。而一旦老师在孩子心中没有了地位，教育也就成了无源之水、无本之木，而且，您的处事方式还会影响到孩子日后的人格。

一方面，您需做些细致的工作，开导孩子以包容细心态，接受有某些缺点的老师。您可举身边其他人的例子，说明世界上没有完美的人，老师也不可能十全十美；可以说说从其他老师、同学、家长那里了解到的这位老师的具体优点；可以跟孩子说只要老师讲课还不错，工作还认真，就不要去强求他（她）的发音和衣着；可以跟孩子说学习是为了自己，而不是为了老师，切不可"恨屋及乌"，上课不认真听，作业不好好做，否则吃亏的一定是自己；也可以说老师不重视你，就用实际行动来证明你的实力，让老师对你刮目相看！

我曾在一篇文章中看到过一个很有意思的案例：有位同学特别不喜欢他的科学老师，科学成绩也很不理想。后来，老爸给他提了个建议：上课前好好预习，科学老师来上课时，用一本"科学纠错大全"的本子，专门记录老师授课中的毛病，回到家中就拿着本子，向老爸具体评点当天老师讲课的毛病，也适当肯定一下老师讲得好的地方。这样，到期末考试，他的科学成绩居然冲到了年级第八名！

另一方面，您要抽个时间，单独约孩子不满意的老师进行一次面对面的、推心置腹的交流，把自己孩子、其他同学及家长反映的问题，用平和的语气做客观的叙述，并把这段时间来自己的思考、好的建议告诉老师。只要您以诚心、用合适的方式提出意见和建议，我们的老师一般都会乐意接受，并积极采取行动，注意细节，提高自己的师德修养和业务水平，改进教育教学方法，逐渐消除孩子对他（她）的不满情绪。如果老师确实不够开明、大度，很难沟通，您可以向学校领导反映，商量解决矛盾的办法。

另外，因为年轻女教师要怀孕生小孩，有的老师有突发情况，可能会出现中途调换老师等情况，您和孩子难免会有想法，但这确实是一个无法改变的现实问题。孩子很容易把新老师与原来的老师作对比，对新老师会有个适应过程，您要及时掌握动态，多讲新老师的长处和主动适应老师的方法，比如课后多去问问题、课堂上多举手发言等，而不要等着让老师来适应孩子。谁把适应期缩得最短，谁就赢得了先机。

亲爱的家长，和您一样，我也是一名家长，上述情况我大多都经历过。我对处理这些问题的经验是：坦然面对，积极应对。坦然面对，就是自己内心不求孩子对每位老师都特别满意，因为那是不太现实的。我们要学会

"接受不能改变的"；积极应对是指针对孩子出现的状况和老师可能存在的实际问题，正面回应，就事论事解决实际问题。这样，对您、对老师、对学校都有利，当然，最受益的还是您的孩子。

祝您

开心！

阿潘校长 志平

2012年3月6日

他山之石 可以攻玉

亲爱的家长：

您好！

“他山之石，可以攻玉”出自《诗经·小雅·鹤鸣》，意思是说别的山上的石头可以作为砺石，用来琢磨玉器。您的孩子是一块“宝玉”，怎样经过九年的打磨，将其打造成一件精美的“作品”？除了自身努力外，我想您还可以多多借助一些外力。

今天，我要与您分享初三（7）班林矗同学的妈妈给我的来信。征得林妈同意，我把她的信摘录如下：

“尊敬的潘校长：我儿子林矗三年的初中学习就要结束了。三年来他取得了较大的进步，所以我们全家真心感谢锦城二中，感谢二中的老师们！

“初一时，儿子与优秀同学有很大的差距。数学进行有理数加减法的运算都感到十分困难，尤其对如何去括号更是无从下手；语文写作无中心，思路比较混乱。因此，总感到学习很吃力，成绩老是落在后面。记得第一学期期末考试后，儿子对我说：‘妈妈，我的基础真的太弱了。’我知道，这当中我们家长有很大的失误，我们很少花时间去研究、探讨孩

子学习不太好的具体问题所在。寒假中，孩子主动提出要补教一些课程。这时，我们家长醒悟了！从此，我们利用每天晚餐的时间与他沟通、交流，氛围平和、民主，让他想说什么，就说什么，只要是合理的，有利于学习和成长的要求，我们都尽可能去满足他。通过每天的聊天，我们充分了解了儿子的性格特点，把握了他的学习状态；我们也开始主动与老师联系。渐渐地，儿子的学习欲望越来越强烈，有了争上流的积极性。初中是儿子发育、成长的关键期，自尊、自重、自强他其实都懂了。知道了他"争上流"这个愿望后，我们因势利导，帮助他增强奋起直追的信心；支持他，不断解决实际学习困难；鼓励他，有一点点进步就为他鼓掌。

"经过半个学期的努力，儿子的学习成绩上去了，尝到了一些学习的甜头后，他的自信心更强了，决心也更大了。这时，我们给了他更多的鼓励、表扬，也有奖励（如不时地买点他自己想要的鞋子、书籍等，带他去看场电影或打打球）。同时，我们也注重他平时学习的方式方法。例如，有时看到他放学回来比较累了，就让他先睡一觉，再起来吃晚饭做作业，这样学习的效率自然就提高了。另外，我们十分重视呵护他的学习劲头。每次考试考得好，我们全家就非常高兴，为他庆贺；考差了，我们不表示惋惜、伤心，而是与他一起查原因、找不足，从来没有轻易责怪和训斥，很少对他施加压力。让他在和谐、亲切、宽松的家庭环境里学习、思考，发挥最佳学习效果。

“初三是学习的冲刺阶段，要为他加更多的油。这些我们在初二暑假里就为他做了一些准备。牺牲自己的休息、娱乐时间，提供条件为他补课，查漏补缺，巩固知识。同时，十分关心他的日常生活，让他回到家里有家长在，天冷有热的，天热有凉的。儿子读小学时，我们自己家里不做饭，就让他在奶奶家吃晚饭。读初中后，我们坚持自己做饭，让他吃得安心、睡得舒心，还为他常备一些有利于成长的营养品。为了儿子的学习，我们尽最大可能避免在外就餐和应酬。所以，我觉得：促进子女的学习进步是父母的职责，我们父母有许多事情可以做。

“潘校长，我给您写这封信的目的，一是谈谈自己三年来的一些做法和体会，因为您这一年来一直很用心地给我们写信、做讲座，希望我们提供一些实例。二是想真心地感谢一下老师、学校。回首三年的初中生活，儿子说，他很幸运地碰到了一批责任心强、会教书的好老师。他记得初一第一次主题班会课上，班主任给班上同学讲了人生之路，初中起步的故事，告诉同学们三年的初中学习至关重要，同

学们有很多潜力可以在初中阶段超常发挥。也许是这番话唤起了林鑫上进的欲望，在她的心里播下了"争上流"的种子。

亲爱的家长，分享完林鑫妈妈的来信后，我想简单地介绍一下林鑫的基本情况：初一入学分班测试时，在全班55人中位列47，年级500多人中列460名。到初三下的一模考试中挤到班级第6，年级140。整个人处于愈战愈勇的状态，学习成绩上升促进了思想品行、身体、心理的同步提高。班主任老师说："林鑫无论从哪个角度讲，三年中真的是一年跨出一大步！"

都说"一分耕耘一分收获"，林妈带着孩子快速进步的故事告诉我们勤真的能补拙。暂时的落后不可怕，关键在于您和孩子是否用心去对待它。用心了，办法会有的，进步也一定属于你们，对吗？

孔子曰："三人行，必有我师焉，择其善者而从之。"林妈和您在培养子女的道路上是同行者。身边的榜样力量最大，愿林妈他们的做法对您有所启发。

祝您的孩子

学有所长，天天进步！

潘志平

2003年6月7日

孩子犯错时怎么办
——“家有老大观”和“三步谈话法”

亲爱的家长：

见信如晤！

现在，在孩子的教育方面，家长、老师比较普遍的感觉有五个“不得”。首先是轻不得、重不得。轻了，孩子会有一种对什么都无所谓的态度；重了，在过分强调关系平等、赏识教育的大背景下，孩子简直是“不堪一击”。另外三个是打不得、骂不得、说不得。

在这样的情况下，孩子如果犯了错，您该怎么办呢？

一、家里一定得有个“老大”，能镇得住犯错的孩子，立得起必要的家规

我五六岁的时候，老爸给我讲过一个故事，至今记忆犹新：

有一个儿子因为偷盗等数罪并罚，被判处死刑。在押赴刑场前，他请求最后见妈妈一面。面对痛哭流涕的妈妈，儿子说：“妈妈，我之所以落到今天这个地步，是因为您当初太溺爱我了。我第一次把人家菜地里的南瓜偷来时，您没有批评、制止我；邻居一次次来向您告状时，您总是找各种各样的理由为我开脱。渐渐地，

我的胆子越来越大……从今以后，我再也不能孝顺您了。临死前，让我再吃一口您的奶吧。”当悲痛欲绝的妈妈解开衣襟后，儿子一口咬掉了她的乳头。

读完这个故事，您想到了什么？接下来，请您再思考三个问题：孩子犯错误时要不要管？什么时候管？谁来管？再对照一下，之前孩子犯错误时您是怎么做的。

对这三个问题，我的回答是：孩子犯错当然得管！第一次犯错时就让其为自己的错误买单效果最好。谁来管呢？现今形势下，只有父母来管是最可行的了。因为目前对老师教育方法的约束非常多而且严，您真的无法实现“自己舍不得管或管不住，指望老师好好给孩子做做规矩”的愿望了。

当老师30多年来，我碰到过一些问题学生，看到过一些失败的家庭教育的例子。究其原因，大多与家里没有一位重量级的权威人物有关。这也可以商量，那也可以讨价还价，过于强调“民主、平等、朋友式”的家庭关系，表面上是家里谁说话都能算数，实际上是谁说话都不能算数啊！几千年中华优秀文化强调长幼有序，到了现代社会，平时儿子与老爸像朋友是好事，但一旦孩子犯了错误，老爸就得像老爸！

所以，我认为，一个合理的家庭结构中，一定要有一个说话能算数的"老大"。他(她)要么不开口，一旦开口一定是说话算话的，有时可以做到一个眼神就把犯家规的孩子镇住。懒惰、自由是人的天性，脑袋管不住手脚的孩子犯错误是非常正常的事情。关键在于孩子犯了错后要马上向其指出，严厉制止，责令纠正。

比如，手机、i-pad这类电子产品，是现今跟德争夺孩子的最大敌人。因为初一时我给女儿买了手机，发现它对学习影响很大，所以就和她约定高中毕业前不用手机。后来，她用压岁钱自己去买了一只，我觉得这违反了我们的约定，所以就果断地把手机摔了，并让她自己扫起来，倒到垃圾箱里去。虽然这行为显得有点粗鲁，但显示了我做规矩的刚性。如果我把突破底线的事软绵绵地、轻描淡写地处理，那以后她就可能会更多地犯错、犯规。为什么隔代教育普遍存在许多问题，我认为主要是因为规矩做不下去。犯错了不做规矩，好的品性、好的习惯怎么养得成呢？

我乐于接受新事物，思路跟得上时代节拍。但在做规矩方面，我受传统文化影响比较深，做事喜欢实实在在、中规中矩。我主张，人一辈子的快乐需要建

立在规矩好的基础上。孩子犯错了，该罚的时候一定要罚。现在严格一点，把规矩做到位了，孩子一辈子的快乐和幸福生活才有保障。

我之所以花这么多笔墨跟您讲"家里有老大，规矩需做实"的道理，是因为当今孩子少，儿女都是父母手心里的宝，很大一部分的家长不愿意真正立下性子，及时地、有板有眼地纠正孩子的偏差，导致孩子积陋成习，一发而难以收拾。有规矩的孩子言行不会脱轨呢！

二、帮助犯错的孩子需要讲究策略，运用合适方法

犯错是孩子的权利。孩子犯了错，内心也会纠结、担心，怕受惩罚，怕失去您的爱，您需刚柔并济，根据孩子的个性脾气、不同情境下犯错误的具体情况，既要适度处罚，又要有理解和包容，能原谅孩子的过错，给予其改正错误的机会。下面几点建议供您参考。

1.抓住三个要素

无论采取什么方法，您需做的第一件事就是要让孩子认识到自己错了；第二件事就是让其知道错在哪儿，这个错误可能产生什么后果；第三件事就是让其明白接下来怎么改正错误。我们相当一部分家长往往忽视做第三件事——进行"怎么办"的指导，而这

恰恰是最重要的，因为我们的目的是帮助孩子以实际行动改正缺点，不再犯错。

2、采用"阿潘三步谈话法"

女儿犯错时，一般情况下，我都这样做：

第一步：拿两把椅子，泡两杯茶，请女儿和我面对面坐下来。坐的角度和距离有利于眼神交流，坐着又比较舒服。然后神态平和地看着她，对她说："今天到底发生了什么？请你把这件事的实际情况、来龙去脉跟老爸详细地说一说。"一开始，孩子可能会坐在那儿不肯说。我就会眼睛看着她，很耐心地等，一直等她开口，把整个事情说完。在她叙述的过程中，我会时不时地做出回应"嗯，哦，是这个样子的啊"，但无论她说什么，怎么说，都不会打断她的话，不指责，不轻易下结论，不会说"我知道了，你怎么可以这样呢"、"老师批评你，肯定有她的道理"之类的话。

第二步：在她叙述的过程中，很可能会讲客观原因，会说对方的不是，我不会简单地批评她，而是根据实际认同她对犯错的一些外部归因后（如嗯，她确实有做得不对的地方，换成是我，也会……）循循善诱地问下列问题："你觉得今天这件事情你自己有没有错呢？错在哪儿？你觉得可能会产生什么后果？为什么会犯这样的错误？现在你感觉怎么样？”引导她用换位思考的方法分析问题所在，如“如果是你你会怎么做？”有时，我们会一边说一边把这些问题写在一张纸的左半边，做第三步时再在纸的右半边写上解决问题的方法、措施及计划改进到位的时间，这样思路会非常清晰。

第三步：接下来，对孩子说：“好，现在事情都清楚了，我们一起讨论一下怎么解决这件事。”“想一想，还有没有更好的办法，可以帮助你把问题解决得更快、更漂亮。”这时，即使我心里有很多点子，我都会听她先说，因为她自己想到的办法，往往是内心愿意去做的。在她没有想到的，或者我有更高明的办法时，我就给她指导：“是不是可以这样做？”给她明确的行动指示。比如当面道歉有些话可能会不太说得出口，就可以用写张小条子，向那位同学、朋友、老师或向父母表示歉意。最后，问她“这几项行动措施什么时候去做啊”、“需要老爸老妈帮你做点什么吗”、“下次碰到这类问题，你会怎么办呢”，以避免她以后犯类似错误。接下去就对她承诺的措施进行跟踪落实。

3、避免六种现象

①当孩子触犯了您的底线要求或犯了原则性的错误时，在不伤害其身体的前提下，您可适当采取严厉一点的措施。但我坚决反对动不动就拳脚相加体罚孩子，靠大嗓门压制孩子的教育方法。您若经常性采用这种方法，轻则让孩子感到"反正你也就发发脾气那么点招数吧"，重则使孩子的逆反心理越来越重，与您的隔阂越来越深，进而产生怨恨情绪，可能会犯更大的错误。使用严厉惩罚措施的原则是：万不得已时用一点，小错误时绝对不可用，用了之后还得用情感把理说清楚。

②教训孩子尽量避免在一家人一起吃饭时，在大庭广众之下（比如有的家长会在学校走廊里，甚至冲到教室里），最好能在单独、隐蔽的环境下进行。人都是有自尊心的，初中生更爱面子。一旦拉破脸皮，孩子破罐子破摔了，您的教育也就基本宣告失败了。

③避免平时过问得少，自己心情欠佳时，就"数罪并罚"，一批评起来就喋喋不休，图自己说个痛快，把孩子的一堆毛病数落来数落去，把孩子说得一无是处。建议您一边说，一边观察孩子的表情，当孩子已经认识到

自己的错误，表示出难过的情态时，或表现很不耐烦时，您就得"刹车"了。很多时候，"无声胜有声"，适当地不理会孩子，只要表现出您对他（她）的错误很不满意、很生气的样子就足够了。

④ 避免自己生气了，就把孩子的小错误"上纲上线"，说"你这是道德品质问题"，用"老爸老妈都很正气的，我们怎么会有你这样的儿子"之类消极、否定、伤人的词句来责问孩子。

⑤ 避免您在教育孩子，而您的家人在护着孩子的现象，因为这样的教育最低效，甚至有反作用。孩子会产生"我犯错了没有关系，反正有人会给我说话求情"的心理。您和家人可以分分工，一人唱黑脸，一人唱白脸。但在开始教育孩子前，您得和家人达成一致意见，或者找个无人干扰的地方进行教育。千万不要出现一个在严厉地批评孩子，另一个在大声喝斥"不要再骂了，否则……"从教育孩子转变为夫妻俩吵架的情况，这是很糟糕的现象。

⑥ 对自控能力较差的孩子，您需打消通过一两次教育就让其把错误全改正的期待。您得允许孩子有反复，要有足够的耐心，帮助其一点一点地改，有进步，及时表扬，让他（她）有战胜缺点的决心和信心。

亲爱的家长，帮助犯错的孩子是一门学问，有一定的难度，但如果您用心动脑筋把它处理好了，对良好亲子关系的形成、孩子的健康成长作用可大着呢！

祝

您和孩子开心、顺利！

阿潘校长 志平

2012年11月8日

六 阳光育儿有方法

怎样以规矩引领孩子健康成长

亲爱的家长：

您好！

时间过得真快。转眼间，我加入锦城二中这个大家庭已有一个多学期了。

经过细致的观察、认真的调研、理性的分析，在广泛征询全体教职员工和部分学生、家长意见的基础上，根据二中校情和工作实际，学校将2003年确定为"二中规范质量年"，并初步确定2004年为"二中效益质量年"，2005年开始进入"二中品牌质量年"，踏踏实实、开拓创新，一年一大步，三年登上新台阶，合心合力合拍，促进二中在原有较高平台上获得较快较大发展。

"没有规矩，不成方圆。"开展"规范质量年"的目的在于进一步营造大气、融洽的人际氛围和规范、合作的学习和工作环境，在保持二中"教得活、学得活"的办学风格，发挥"以活见长"优势的同时，把各项常规工作抓得再严一点、再实一些。学校管理强调"严"字当头，规范开路，依章办事，敢作敢为，与时俱进地抓细抓实每一项工作。努力做到在求实的基础上求活，严中有活，活而有序，找到"活"与实的良好结合点，走出一条既纪律严明、严谨踏实，又灵活高效、有持续发展空间的有效路子；不断提高教学效率，闯出一片既能摆脱苦教苦学的传统模式，又能提高教育质量、教学实绩，促进学生后续学习和个性发展的崭新天地。

"凡成大事，必工于细。""规范质量年"活动以"规范"为主题，以"敢抓善管，齐抓共管"作主线，少讲形式，狠抓落实，多求实效。第一步，从我校长做起，教职员工跟上，时时刻刻、方方面面做好"规范"的示范者。第二步，分管理人员、教职工、学生三个层面制订"高标准、严要求"的若干规范、细则，切实做到事事、人人有章可循。第三步，全校上下静下心来，从学生的课间、午间休息秩序，头发衣饰礼仪，说话腔调走路姿势，背书包款式和早到早学书声朗朗的学习习惯等最基础的小事抓起，而且做到一抓到底。

在"规范质量年"活动中，我们既要借鉴中国传统文化中培养孩子好习惯、好规矩的有效做法，又要顺应现代教育理念和孩子身心发展的规律，力求做到"事事有规范、人人守规范"，以规范促质量。通过规范，维护每一位二中人共同的利益；通过规范，促进教育教学实绩的提高；通过规范，进一步培育良好的二中校

风，实现二中人心中共同拥有的宏愿。

"集腋成裘""聚沙成塔"。规范的形成绝非一朝一夕、一蹴而就之功。"规范质量年"活动需要做大量深入细致、艰苦不懈的工作，比如课间、午间休息时间，教师轮流值班，走出办公室制止教学区内大声喧哗、楼梯上追逐打闹等情况的发生。"规范质量年"每周、每月的系列活动需要1980名师生的共同参与，更需要您的支持配合。

亲爱的家长，今天给您写这封信，除向您汇报我们这学期及今年工作的重点、方向外，还有一项重要任务要交给您：按照学校的统一要求和建议，结合自己的孩子的实际情况，对孩子的言行规范作出3—5条针对性较强的规矩（这几条规矩主要是针对您孩子目前存在的不足而制订）。制订个性化的规矩时，一要与孩子共同商量确定；二要具有可操作性，例如头发不盖眼睛，书包不超过膝盖，说话不带脏字；三要写在纸上，贴在墙上，并有具体的奖惩措施。

都说人有两大天性：一是懒惰，二是喜欢自由。因此，我们的"规范质量年"活动需要您、我、孩子三方一起与人的懒惰和爱自由作斗争。这个过程中，还有一支力量的作用不可低估哦！谁呢？孩子的爷爷、奶奶、外公、外婆。如今孩子少，生活条件好，隔代的感情又有其特殊性，只有把他们的力量团结起来，避免过度宠爱，甚至护短，我们的"规范质量年"才能真正收到实效。建议您拿着这封信，与您的父母辈们沟通一下，说这是学校的统一要求，更是有利于孙辈思想、品行、心理、学业健康发展的有益活动。相信您把道理耐心说到位，他们会理解、配合和支持我们的活动的。

规范质量年旨在以"规范"的到位促"质量"的提升。思想认识到位了——合心，措施行动到位了——合力合拍，"二中2003规范质量年"活动一定能收到预期的效果，为"二中2004效益质量年"、"二中2005品牌质量年"打下坚实的基础！

做规矩，让我们一起行动起来！

潘志平

2003年4月3日

怎样让"立即行动"成为您和孩子的好习惯

亲爱的家长：

您好！

正是春花烂漫时，想必您的心情一定不错吧！

春天，又是一个"不觉晓"的季节。人会感到有点懒洋洋，想做事却又迟迟下不了决心动手去干，以致延误了不少时间，错过了许多成功的机会。今天我想与您聊聊怎样和孩子一起养成"立即行动"的好习惯的话题。

生活中，可能您曾有过这样的经历：把闹钟定在早上6:00，而当闹铃响起时，您睡意正浓。于是，您关掉闹钟，回头又睡。如此三五次后，您也就养成了不按时起床的习惯。反之，尽管第一次闹钟铃响时您不想起床，但是您听从了"立即行动"这一命令，您毫不犹豫、立即爬起。久而久之，您也就养成了遵时做事的好习惯。

有人说，判断一个人是否能取得成功，看看他走路的速度和力度。速度快、力度强的人往往沉稳又干练，做事效率高，而慢半拍的人常常因跟不上节奏而掉队。对于学习任务较重的初中孩子来说，磨磨蹭蹭、拖拖拉拉可是成长的大敌哦！

您的孩子正处在充满幻想、充满期待，却又缺乏自我控制能力、缺乏坚持不懈的意志和毅力的阶段。他(她)常常是很想学得好一点，很想做得出色一些，开学时踌躇满志，星期一有好好学一番追赶上去的打算，稍微碰到点困难，却又产生了畏难情绪，放弃行动。也有相当部分的孩子不停地在下决心写计划：明天我一定认真听，多花点时间做做背背，争取赶上某某同学。而行动时却又开始找借口"哎呀，我实在……，明天再说吧，下星期再用功吧"。问题在于，始终没有看到其"立即行动"！日复一日，美好的愿望成了一个个美丽的肥皂泡。

那么，我们怎样和孩子一起养成"立即行动"的好习惯呢？

一、任何想法和计划一旦做出决不拖延。

100个想法不如1个行动！您自己带头，把说出的话在第一时间兑现掉。和孩子一起把目标、措施商量好后，马上写在纸上、贴在墙上，告诉孩子："现在马上开始做第一件事，大概需要多少时间？做完了我们祝贺一下，接着做第二件事"。因为人的心理是"总愿意在行动前先让自己享受一下最后的安逸，只是在休息之后又想继续享受安逸"。这样，经常会出现时间已到行动却迟迟没有开始。等到考试结束了再来说："要是那时

我就按计划背单词课文，做题提问纠错，我一定不止现在这个成绩。"这样的"要是"会产生实际的效果吗？您需把握的关键是：宁可少说一点，说到这一点一定是可操作的，能让孩子"立即动手做"的，做了以后得到评价反馈的。一件一件抓落实，没有拖延的机会，也没有拖延的借口。慢慢地，孩子心里就会形成"说了得马上做"的定势，就能较快、较好地完成想做的事。

二、运用书面暗示、口头暗示的方法提醒。

如果您的孩子拖拉情况比较严重，其他办法都已尝试过但效果不明显，您不妨试试这两种方法：

1、拿几张纸，写上"立即开始做"、"马上执行"，贴在书桌前、客厅、餐厅，放在孩子的铅笔盒，让您和孩子一看到这些字样就立即开口读英语、背名句，立即开始做卷子，立即开始跳绳，立即关掉电脑、电视……

2、在吃完饭，看一会儿电视、报纸，玩一会儿电脑，想开始复习功课，却又慢悠悠迟迟不进房间坐下来行动时，请您和孩子一起大声说："凡事我都要立即行动，立即行动！"连喊5遍，直到坐下来开始复习。中途想偷懒或想去看电视、想看点课外小说时，大声说说："我得抓紧时间，快点把他们做完（背好）！"这看起来有点傻乎乎的做法，效果却出奇的好。这是一种积极的心理暗示，立竿见影！不要怕难为情，现在就喊出来吧！

三、运用"速度测试法"和"任务型学习法"。

和孩子一起，尝试"速度测试法"：即记录其10分钟内能记几个单词、做几道选择题、填空题、计算题，然后大概推算一下按照这样的速度，如果中途不去上厕所、倒开水、开冰箱吃东西……完成今天的作业需要花多少时间。事先和孩子约定完成作业的时间，让有拖拉习惯的孩子体验到：原来，只要我立即开始，静心专注地做事情，我也可以做得这么快啊！

"任务型学习"就是把今天孩子需做的作业全部列在"作业清单"上，在规定的时间里把应该做的作业一项项完成。您是监督者、计时员；帮助者、指导员；评价者、颁奖嘉宾。任务开始执行时，计时开始；孩子碰到困难时，及时提供服务或指导；孩子及时完成任务时，给予表扬。如果孩子专心致志提前完成了任务，多出来的时间不要马上安排做其他作业，而是要奖励给他（她）做其自己感兴趣的事。

亲爱的家长，"拖延"是大多数人或多或少存在的正常心理，谁较好地战胜它，谁就会赢得更多成功的机会。在引导孩子克服"拖延"的不良行为时，请您改变总是批评孩子"你怎么动作这么慢啊，我急都急死了"，多说"我相信你只要立即开始做，学习时不做其他的事，你一定能越来越快、越做越好"。否则，你越说其慢，其就会越来越慢，这是消极的心理暗示啊。

无论是学习，还是做其他任何事情，"立即行动"都是一种十分重要的好习惯，对孩子日后的事业、生活都将产生全方位的、深远的影响。

怎么样？亲爱的家长，读到这里，如果您有了一两点想法，赶快和孩子开始行动吧！

恭祝您全家

春光满面春色浓！

潘志平

2005.4.15.

让孩子上课外班的三点建议

亲爱的家长：

您好！

在小升初报名阶段接待家长的时候，经常有家长问我这样的问题：“潘校长，我培养孩子的理念是小时候就应该让他玩，所以他什么课外班都没有参加。但看着来报名的其他孩子有那么多的获奖证书，我们又感到有点不对了。”上周五初二家长会后，有几位家长来咨询：“孩子读初二了，数学好像有点跟不上，需不需要上课外班？”

在我看来，课外班是一个比较敏感的话题，仁者见仁，智者见智。上不上课外班，怎样选择课外班，需要您根据自己的观点、孩子的特点来定。以下三点建议供您参考。

建议一：想清楚究竟要不要让孩子上课外班

让我们先来探究两则新闻。第一则：杭州市青少年活动中心2014年800多个春季兴趣班招生，1.4万个名额，竟然有4.3万人报名，78%的班需要摇号。这则新闻说明了什么？现在孩子的教育不再是学校一方的事，课外兴趣班作为学校教育的补充，已受到您的绝大多数同龄家长的充分认可，如果您不让孩子去上课外班，可能就意味着您孩子在某方面与他（她）的同龄人拉开了差距——就像看演出

一样，您前面的人都已站起来，您如果还稳笃笃地坐着，就有可能看不到了，您说对吗？

而另一则新闻说的是杭州"虎爸"彭水明的儿子彭衢杭，11岁，获得94个荣誉，并学习了24项技能。4岁开始学轮滑，学习的内容涉及帆船、围棋、小号、书画等。彭水明认为应该学会的东西，宜早不宜迟。我听过他的讲座，最大的感受是：孩子的潜力真的比我们估量的要大得多！只要得法，孩子们的确确是有能力完成一些课外班的学习任务的。

从我身边的孩子看，上过课外班的孩子在许多方面占有一定的优势：学过数学、英语、写作等课外班的孩子，其知识视野、思维方式、学习能力、学科平衡等相对较好；学舞蹈的孩子，动作的协调性强；学书画的人，更容易静得下心来；钢琴、二胡、大提琴等乐器玩得不错的孩子，比其他孩子更能坚持、更有毅力；学机器人、航模海模的孩子，更具有创造力……

所以，我的观点是：只要孩子不是十分反对（一开始孩子有一点点抵触情绪也是正常的），让孩子参加一点课外班一定是有利无害的。艺多不压身，艺高人胆大啊！去学了，多少能学到一些东西；不去学，孩子的时间和精力也就那么白白地溜走了，而且还有可能被电脑、电视抢占掉。更何况什么也不学，孩子不见得会有多快乐。

当然，如果您主张孩子的成长需要"原生态"，任其自然生长，也是不错的想法。在文化课类的课外班方面，如果您的孩子学习自觉，自主学习习惯非常棒，自主学习能力比较强，也就不一定要去参加课外班。

建议二：选择好什么类型的课外班

课外班大体分为两大类：特长类（如音乐、书画、乐器、科技、体育运动等）和学科类（如语文、数学、英语、科学等）。

学龄前和小学阶段孩子选班一般以特长类的兴趣班为主，文化类为辅。

选择特长类的课外班首先要考虑的是孩子有没有这方面的天赋（可以带孩子先去老师那儿体验一下，让老师提提建议），第二考虑孩子愿不愿意、感不感兴趣，第三考虑合适的时间及合适的顺序。如中国画、英语等不宜学得太早，一年级的孩子认知水平、动手能力、心智发育等还没有达到那个程度，容易事倍功半。又如学乐器最好在五六岁时从钢琴开始学，因为竹笛、二胡等初学阶段比较枯燥，孩子很易产生厌烦情绪，而钢琴学一段时间就能成曲，其旋律容易形成孩子对音乐的感觉，容易产生成就感，双手弹键盘还开发大脑潜能。钢琴学会了，再去学其他乐器就容易上手。

选择特长班时，您可提供一份清单，先征询孩子意见，再说说您希望他(她)学的项目和原因。这样，主动选择和父母指导相结合，孩子比较容易接受。孩子小学时，您和他(她)商量得好、选择的某一项的特长兴趣班，咬定青山不放松，克服困难，坚持数年，必有成效。

如果你们一开始很难明确哪一个项目，建议采用递减式——先多学几项，到小学高段逐渐减为两到三项，到初中只保留一到两项。我女儿采用的就是这种模式。她学过书法、国画、素描、钢琴、竹笛、小鼓、奥数、作文、英语、足球、无线电测向等，六年级减少到国画、奥数、钢琴、到初二，主要是国画。

初中开始，一般以文化课类为主，其他类为辅。

上文化课课外班，需考虑有没有必要和需求。孩子根据自己的学习情况，自己主动提出来或您启发其提出来是最有效的。如果某一门学科出现"短腿"或某一块知识遇到困难了，建议您得马上找一个适合的课外班。我觉得，因人而异，自己寻找有针对性的课外班是最有价值的！

建议三、弄明白，怎样带孩子上课外班

课外班，首先要考虑的是课外班的师资。我女

儿的国画班从小学二年级一直上到初二，举办了个人画展，赢得小书画家称号，这源于她找了一位特别霸气的张帆老师！

面对当下各类辅导机构的教育质量参差不齐的实际情况，您在"择班"时要花点心思，考察一下培训机构和老师管理是否规范，是否有测试、评价、反馈等环节。

带孩子上课外班需考虑路途。尽量避免选择路途较远、交通拥堵的课外班，以免每次要在来回的路上、车上花一两个小时，这样的班时间成本太高。

对语文、数学、英语、科学等文化类的课外班，一要考虑班级的大小。"一对一"针对性强，不一定完全符合所有的学科、孩子，这种学习缺乏良好的氛围；班级人数太多的班级，可能对自觉性强的孩子没有太大的问题，但对管不住自己的孩子来说，则是大忌。

二要坚持缺什么补什么原则，避免"遍地开花不结果"情况的发生。如果您给孩子各门功课都报了课外班，求得一个家长心理的安慰，却没有分析孩子的学情和精力分配，学习效果一定不会很好。

三要避免让孩子有依赖心理，捡了芝麻丢了西瓜。上课的时候不够专注，发现问题不及时在校解决，觉得这些东西反正课外班老师会给我讲的，这样，"失"就远远大

于"得"了。您需经常提醒孩子，学习的主阵地在学校、在课堂，上课外班只是个补充。

四要让孩子去上课外班前对学习内容有细致的了解，找到自己需要重点解决的问题，带着3-5个问题去学习。

五是您要全程关注孩子在课外班学习的情况。孩子上完课外班回来一般会有练习，需督促其像学校里的作业一样认真完成。一个月能与课外班的老师沟通一下，有时要亲自去看一看、听一听到底在学什么，学得怎么样。不要被培训班的老师说"你孩子好的、不错的"之类的话所麻痹；不要认为把钱交进，休息天把孩子送到辅导老师那儿就已尽到家长的责任，因为这和农民"只问耕耘，不问收获，劳作了半年，最后歉收甚至颗粒无收"的道理是一样的。《钱江晚报》不是报道过"花2万元补课咋连职高也没考上"的消息吗？

亲爱的家长，在"世界上最恐怖的事是比你优秀的人比你还努力"的时代，您和孩子不太可能太轻松。参加课外班的关键在于"适合""实效"两个词。

祝您的孩子

在适度的压力下健康成长

阿潘校长 志平

2014年1月25日

怎样让孩子爱读书、会读书

亲爱的家长：

您好！

认认真真读了893封家长来信后，我对“相亲相爱公益人”这一亲情文化有了更深层次的理解和期待。从信中情真意切的话语中，我读到了您对学校办学思路的认同，对孩子培养的厚望，对老师爱心、责任心、亲和力的肯定，对“活教乐学”教学风格的喜爱，对《家校连心桥》校长亲笔信这一沟通方法的欢迎程度……同时，您也完全以“一家人”的心态真诚地提出了意见和建议。我们已对存在的不足和家长的对策建议进行了梳理，积极采取措施解决如“家校通”平台、住校生生活等实际问题。我们的工作原则是：有五分的客观条件，主观上一定会花十分的力气去做！

来信中，不少家长提到了孩子不爱看书，有空首先想到的是电脑玩游戏、QQ聊天或看电视动画片；即使看书，看的大多是动漫类或郭敬明、沧月等人的书，而较少看经典名著。怎样引导孩子进入爱读书、会读书的状态？下面几点具体的方法供您参考。

一、您自己爱书是让孩子爱读书最直接的方法。

书籍在家庭中的地位直接决定着孩子爱读书的硬环境，所以家中要有藏书，最好是无论走到家里的哪一个角落，随处可见的就是一本书或一张报。晚饭后或节假日，孩子经常看到的是爸爸妈妈或住在一起的爷爷奶奶、外公外婆捧着一本书或一张报静心阅读的场景，在阅读中享受生活的一种"气场"，自然比"快点去看书"、"老师说了阅读很重要"等言语要有力100倍！我校初三(4)班的班主任、语文老师小史老师就是一位爱读书的典范。他的手里永远拿着一本书，一有空就进入或轻声吟诵或专注静读的境界，这无言的示范带动了班里每一位同学自觉地买了不少书，读了许多名著。在我自己的家庭教育中，我也尝到了这一做法的甜头：我的书法就是从小在看我爸爸给村邻写对联、帮学校书写讲义的氛围熏陶下习得的；我女儿也是在我们夫妻俩一有时间就看书的习惯带动下读了大量的书，积淀了良好的文学素养。

对有的家长来说，要做到自己爱读书可能会有点难度，因为从事的工作各不相同，兴趣爱好、习惯有个体差异。但是，只要您潜入书中，您就不难发现"书中自有黄金屋，书中自有颜如玉"。读了一本好书，就像交了一个好朋友；爱上了书，您就犹如拥有了一位智慧的导师、心灵的伴侣、精神的抚慰者。"腹有诗书气自华"，随着读书数量的增加、读书习惯的养成，您会发现自己言谈举止所透露出来的气息，整个人的气质会变得更加温文尔雅，处事也更加通达圆融。不找借口，只要您坐下来"捧起书来就读"，时间会有的，读书的好习惯自然也会养成的。您爱书、读书了，家庭自然营造起了浓浓的书香味，您也成了孩子效仿的"爱读书"的榜样。

所以，从现在起，您就多买点书、订点报刊，把家庭用书"武装"起来，让全家人浸润在书海之中。当然，有了书报，最重要的是要真正发挥他们的作用。您不妨定一个双休日、节假日或晚上的"家庭读书时间"，一家人静静地坐在那里看看书，做做读书札记，看完后交流一下书中内容、读书心得。这有益于孩子，也有利于自身素养的提升，不亦乐哉！每天或每周试试看，好吗？相信您一定能做到的！当然，不能三天新鲜、心血来潮一阵子。读书难在坚持，却也贵在坚持！

二、用心指导具体读书的好方法。

1.选好书读。尽可能引导孩子选择最具代表性最有影响力的中外名著，因为是人类文化的积淀，有助于从骨子里正向地影响孩子的健康成长。您可从我校网上查阅“中学生必读书目”再选择一两份科普类读物。当然，为了让孩子品味到读书的乐趣，比较容易进入阅读的情境，按照内容健康、格调积极向上、题材广泛的标准，您也要兼顾孩子的阅读兴趣，尊重孩子选择书籍的意愿，尽量购买或借阅孩子比较喜欢、容易看得懂的书。

在此向您推荐两本杂志：《课外阅读》（邮发代号为2-852）、《读者》（54-17），当代作家周国平、史铁生、林清玄、龙应台、余光中的作品，如《善良丰富高贵》、《守望的距离》、《我与地坛》、《秋天的怀念》、《心田上的百合花》《目送》、《孩子你慢慢来》、《听听那冷雨》、《我的四个假想敌》等。

2、一次只读一本书。即使您同时买来几本孩子都喜爱的书，他（她）的案头坚持只放一本书，一本看完再给第二本，以避免孩子东翻翻、西看看，浮光掠影、走马观花没有实效。

3、快读与细读相结合。拿到一本好书，首先以较快的速度浏览一下全书的主要内容、篇章结构，然后慢慢品读，不但了解故事情节，而且注意细节描写、好词好句、思想内涵、情感升华等。快读也指对有的书，有些文章只需泛读，略知一二即可。

4.不动笔墨不读书。读书时一定做到手里拿着一支笔，身旁放一本"摘抄本"，圈圈划划，点点写写，随时圈出书中的重点、精彩片断，记下有用的信息，并运用在日后的作文、作业或实际生活中。

5.集中读与分散读相结合。上了初中，最大的矛盾可能就是作业多了，不太有时间读书。所以，我们要把相对篇幅较长的书放在假期读，而在上学时间以读短篇、散文为主。每天坚持读15分钟到1半个小时对大多数同学来说还是可行的。

三、父母子女同读一本书。

如果您能与孩子同时读同一本书，效果一定是最佳的。孩子喜欢的书您也能喜欢，共同语言就多了。同一本书可以是您看了后推荐给孩子看或讲给他(她)听，也可以是孩子看了复述给您听，然后再一起分析、探讨书中的人物、事件，分享读后的观点和快乐。这样做，难是难一点、累是累一些，但只要是对孩子的成长有效、有利，就值得去做，对吗？

亲爱的家长，一位爱看书、会读书的孩子，其思想深度、处事能力、风度气质、智慧涵养都会不一般。

另一方面，从学习这个角度来说，现在的命题方向已着重考查学生灵活运用知识的能力，考查各学科知识链接起来综合运用的能力，考查与生活实际相结合的能力。这些能力哪里来？除了做些适量的题目达到"熟能生巧"外，更重要的是要练好内功，即通过广泛的课外阅读，扩大知识面，在阅读过程中训练孩子的思维，促进孩子的心智发展，提高孩子把各类知识贯穿起来、融会贯通的能力。阅读是能启动其他能力提升的第一能力，虽然不像做题那么直接，但其影响深远。请您一定要舍得花点钱多买书，更舍得挤出时间带着孩子多读书！

客观地讲，初三同学宜选择短的散文，与中考关联性大一些的图书、文章；初一、初二需有计划、有目的地多读书，特别是初一更是要抓住当前作业量还不是很大的契机，尽最大可能多读几本书！10月份，我们将开展"经典阅读节"活动，敬请关注、配合。

祝您全家

国庆节快乐！

潘志平

2008年9月28日

七 让孩子成为受欢迎的人

“分数诚可贵，品性价更高。”如何引导孩子在细节中提高情商，如何培养孩子的责任心、抗挫能力，如何让孩子懂得感恩、懂得分享，这都是您需要关注并努力践行的。因为品行决定孩子人生的航向。方向对了，只要通过努力，每个孩子都可以做“最优秀的自己”。

帮助孩子拥有一颗感恩的心

亲爱的家长：

首先，930位公益师生衷心感谢您一学期来的配合、支持！向您全家拜个早年，祝新年快乐！

这几天，您最关心的可能是孩子期末考得怎么样。的确，辛勤耕耘一个学期后，无疑要问收成如何。我的建议是，不管孩子采摘的"果实"怎样，您都要平心静气地和孩子分析一下得与失，有针对性地帮助他（她）在现有水平上又好又稳地发展。需提醒您的是，这次期末考部分学科试题有一定难度，请不要简单地以分数来衡量、评判孩子学习的优劣。

放寒假了，孩子将在您身边度过相对较长的一段时光。平时因学习忙、工作忙，真正全天候亲子在一起的时间并不多，您和孩子往往感到不是十分亲热。可是一旦假期朝夕相处在一块儿，常常因观点不一致等产生一些矛盾，影响节日气氛。怎么办？建议您以培养孝心为切入口，让孩子以感恩的心、平和的语气、非情绪化的行为对待父母和他人。

先让我们一起来读这样一则故事。

儿子要吃香蕉。母亲买了6只拿在手上，看着孩子一只一只连吃4只。这期间，儿子没有问过一次"妈妈你要不要吃"，母亲以为儿子已吃不下了，想：总该叫我吃了吧！不料儿子却说："你给我拿着哦，等会儿给我吃。"母亲伤心地流泪了："为什么我用无私的爱却换来了这么自私的儿子？"

虽然这是个典型的"心中只有自己没有他人"的案例，但在当代孩子中，确实有相当大比例的孩子缺乏感恩之心，不懂孝敬长辈。他们对父母提供的物质条件，老师倾注的心血，同学给予的热心帮助，社会各界营造的优良环境常表现出理所应当甚至不屑一顾——觉得自己吃好、穿好、用好是天经地义的。得到他人帮助时，连最基本的"谢谢"都不说一句；当他人需要帮助和做公益劳动时，表情冷漠，举手之劳都难抬"贵手"……

发生这种情况的原因是多方面的。如社会转型期价值取向多元的影响，重智轻德的大背景，独生子女的特有个性等。对此，任其自然一定不利于孩子人格健康成长，空叹无奈也不可取。您我有责任，也能有所作为。

首先，您我决不能把责任推向社会。

社会大环境对孩子成长的影响确实不小，但是，我认为社会发展犹如人的成长，需要经历童年、少年、青春期，而后逐渐走向成熟。当今社会正像青春期的孩子，充满活力但又存在许多矛盾冲突，我们当引导孩子感恩改革开放给我们带来的巨大物质财富，少些抱怨、指责，多点理解、包容。人人尽匹夫之责，管好我们的"小家"，培养好自己的子女，促进"大家"——整个社会的良性循环，健康发展。您若静心琢磨一下，这可真的不是什么大道理哦！

其次，建议您从培养孝心入手培养孩子的优秀品行。

1. 做好孝顺的示范。"百善孝为先"，"孝，德之始也"。孝是做人的根本，孝敬父母是道德的开始。我最欣赏的人是对长辈毕恭毕敬、孝顺有加的人。怎样引导孩子做一个有孝心的有德之人呢？《四言》告诉我们："要知亲恩，看你儿郎；要求子顺，先孝爹娘"。您要求孩子明天怎样对您，最好的方法是您今天怎样对您的父母和身边的人。您是孩子心中的一首无言的诗，您对父母长辈的孝心，对单位领导、同事关心支持的感激，对孩子的老师辛勤付出的感谢以及对大自然的敬重……每一句话语、每一个动作甚至是一个眼神，都无时无刻不在有意无意、潜移默化地影响、带动着您孩子成长。所

以，在孝顺、感恩这方面的榜样示范方面您得格外用心，有时在孩子面前的言谈举止甚至需要做点筋骨。春节期间，在您拜访长辈敬献孝心、走访亲友表达感恩之时，孩子能从您的身上学到许多优秀的品质；反之，家长言行中表现出来的不孝顺、不感恩，也会给孩子的内心打上不良的烙印。孩子是父母的“复印件”啊！

2. 物质上适度控制。不少家长认为：只要给我好好读书，要什么我就给你买什么。我自己小时候吃过没有钱的苦，反正现在日子好过，就让他（她）吃得好一点、穿得好一些……过年了，红包、新衣裤应有尽有；孩子要手机，Mp4也愿意给他（她）买来。殊不知，“容易得到的东西不珍惜”呢！让孩子每得到一样东西都知道来之不易，明白这是自己付出后才得到的回报，是培养感恩之心的关键环节。饿的时候谁给过一块面包、渴的时候谁递过一杯水，可能永远不会忘记。相反，唾手可得，他（她）往往会满不在乎。我认为，初中学生毕竟还是消费者，穿暖吃饱的基本条件满足即可（吃得科学、营养一些我倒不是特别反对）。务必请您配合的是，切忌满足孩子的攀比心理，因为物质方面给其越多、越好，对其成长越不利。

因此，条件好的家庭千万要严格控制春节期间的给钱、买物；若经济条件还不是很宽裕，您也根本无需自卑，更不必答应孩子买这买那。条件艰苦些，孩子成长得反而更好的事例不胜枚举。我赞同根据孩子的品德表现、个性特长发挥、学习和努力程度和进步情况发放压岁钱的做法，因为这有助于让孩子理解"有付出才有回报"的道理。

3.情感上促进共鸣体验。利用寒假，抽些时间，好好地与孩子聊聊从他（她）出生以来，哪些人为其提供过帮助促进了其健康成长，如生活上、学习上、身体欠佳时，遇到困难时……要谈细节，让其真正从内心产生共鸣。建议您有意识地让孩子了解自己的工作和艰苦创业、拼搏的历程，使他（她）能从心底相信和敬重您，进而理解和孝顺您。

4.行动上切实从小事做起抓落实。请您做好规矩，让孩子做好以下规定动作：平时，遇到父母、长辈生日，用自己的零花钱买点小礼物，表达祝贺心意；回到家里，坚持每天打扫卫生，主动收拾碗筷、桌凳，通过分担家务体验父母的辛劳。过年前后，虔诚地去爷爷奶奶、外公外婆那里拜访，静心、贴心地陪在老人身边，陪老人说说自己的成长故事，和老师、同学、朋友交往的开心的事，陪老人下下棋、给老人敲敲背。同时，也不要忘了给亲朋、老师和帮助过自己的人打个电话或发个短信、邮件表示感谢和新年的美好祝愿。

"没水的时候知道求人，有水的时候忘了报恩"是人缺乏良心的表现。一个人受了父母的恩、亲人的恩、老师的恩、同学的恩、社会的恩、大自然的恩，懂得永存感恩之心，能够知恩图报，才是真正的好人、成功的有品位的人。

愿您以亲情把孩子精心培养成这样的好人、有品位的人！

潘志平

2008.1.29

放手让孩子干些学习以外的事

亲爱的家长：

前几天，读完《孩子，我不欠你的》一文，我思考良久，感触颇深。

文章的开头有这样一个问答：有个美国小孩问他爸爸："我们很有钱吗？"爸爸回答他："不，我有钱，你没有。"亲爱的家长，要是您孩子问您这个问题，您的答案是什么？

接着，作者讲了一个中国朋友把他13岁的儿子送到澳大利亚开阔眼界，请玛丽帮忙住家照顾的故事。玛丽答应了朋友的请求，对这个男孩进行一个月的"照顾"。和我们习惯的做法完全不一样的是，刚把男孩从机场接回家，玛丽就对他说："我和你爸互不相欠，你13岁了，从明天起，你要自己按时起床、做早餐、洗净盘碗，衣服自己洗，自己按这张地图和公交车时间表，找地方去游玩……"回到北京家中的这个男孩变了，变得什么都会做，他会管理自己的一切，对人也很有礼貌……

亲爱的家长，读到这里，您想到了什么？您的孩子现在拥有多少生活自理的能力？您平时让孩子做了多少学习以外的生活实践类的事？是您没有让孩子做，还是孩子自己

不肯做？或许您会说："现在的孩子一天到晚学习，哪有时间做其他事啊？"

在我看来，大部分孩子不是不会做其他事，也不是没有时间做或者不愿意做，问题的关键还是在于您对这件事的认识和引导的方法。

今天放学后，我去余杭长乐学农基地看望正在那边学农的400多位初二师生。从离开家、离开学校的孩子们的表现看，他们个个都是好样的，放手了什么都能干啊！为此，阿潘建议您：

一、思想上再想通一点

初中的孩子应该把主要的时间和精力用在学习上，但不可以一天到晚除了读书就是读书，死读书，读死书。生活是丰富多彩的，孩子的兴趣需要培养，个性特长爱好需要张扬，日常生活技能更是不可或缺。文武之道，一张一弛，让孩子做些学习以外的事，不但不会影响学习，反而会使孩子的思维更活跃、学习效率更高，也能使您和孩子的生活更有情趣，人生更为精彩。回家时让孩子干些有益的家务活，在学校时参加些合适的社团、活动，您就会发现孩子的眼睛发亮，变得更有灵性。记住：有一种爱叫"放手"。

二、内容上合理设计

这个学期，学校开始实施"生活实践项目系列训练、养成"活动。前面已安排了换被套、调灯泡等，接下来，我们计划再有序地安排折叠衣物，洗碗筷，蛋炒饭，炒年糕，煮面条，自选烧一两样自己和家人喜爱的小吃，炒几道拿手菜；学会使用微波炉、电饭锅、高压锅、洗衣机、冰箱等；学习拖地板，学习把自己的资料、房间整理得井然有序，学习洗袜子、鞋子、小衣裤等；学习简单维修日用品，学习使用ATM机取款，明年开学的费用自己去银行存缴等等。我们希望孩子在公益读书的三年中，踏踏实实地把上述生活技能真正学到手。恳请您为我们这个项目献计献策，提供更多更好的生活实践项目，填在今天发给您的回执上，下周一请孩子带回来。也诚恳地盼望您能为这些项目的实施提供资源、提出建议。您在做好学校规定项目的同时，可根据孩子特点做这些生活技能培养的自选项目。

三、方法上耐心指导

您是上述"生活实践"项目的主要导师和实际操作的"辅导员"。因为您有条件一对一、面对面地示范、指导。如果您暂时缺乏这方面的能力，可得抓紧去学几招哦！否则，您自己没有几把"刷子"，孩子可能不太会从心里服您的。当然，您也可以如实与孩子商量，父母与子女一起学习也是一种非常不错的方法。总的要求是：我们学校每布置一项生活实践活动，您都要认认真真、实实在在指导孩子把这项技能学会，真正让孩子掌握并熟练运用。要避免随便应付、搞花架子、走过场。

四、评价上有利于督促和激励

任何一件事情要真正取得实效，督促、评价、反馈、整改是关键。活动一开始，您要细心、耐心地告诉孩子这段时间我们要做什么，具体怎么做。在做的过程中，要看到孩子的进步，并给予充分肯定，如"番茄炒蛋比上次入味多了"，"房间整理得真好，一进来就让我心情舒畅"。同时，也要及时发现问题，让孩子整改到位。

请您用手机或摄影设备把孩子参加生活实践的过程拍摄下来，将"作品"交给班主任，学校将开展录像收集、评比工作。

亲爱的家长，让我们一起用心把"生活实践"这一堂课上好，为您和孩子眼前的生活添彩，为日后的幸福人生奠基。

Yours，阿潘校长

2013年12月5日晚

怎样培养孩子的责任心

亲爱的家长：

在第2期《家校连心桥》的回执中，许多家长提到家庭教育中比较困惑的问题是孩子学习的主动性、自觉性不足，兴趣和热情不高，甚至有点好不好无所谓的态度……

这些都是当代中学生比较普遍的问题。产生的原因很多，但我认为其实质在于孩子责任心的缺乏。责任心提高了，学习就有了内在的动力，其他相关问题就易迎刃而解。而且，责任心也是孩子立足于社会，获得事业成功和家庭幸福至关重要的人格品质。今天，我们就来聊聊责任心如何培养的话题。

不知您是否有这样的生活体验，一个用过很多遍的电话号码，因为没有想到要去记它，每一次再用它时还需再翻翻电话本，而另一个您认为很重要的电话号码，即使他只告诉过您一遍，哪怕当时您只是凭脑子记下的，往往却记得很牢。这就是因为记忆的责任心调动起来了，记忆的功能就出现了。反之，没有责任心时，注意力就难以集中，心思就不会真正投入，简单的东西也难以记住。因此，要解决孩子的上述问题，我们要从培养孩子的责任心入手。

那么，怎样才能有效地培养起孩子的责任心呢？

一、让孩子非常清楚自己的目标追求

初三有位家长在介绍"成功的家庭教育方法"时这样说："给孩子一个具体明确的目标——考学军中学，孩子每天的学习就盯着这个目标努力，平时督促他少看电视、不玩电脑时说话就比较灵光"。请还没有与孩子商定比较清晰目标的家长，尽早确立符合孩子实际的奋斗目标，如初三中考，初一、初二期末考。一旦有了明确的目标追求，就要时常与孩子聊聊他（她）正在为自己的目标做哪些努力，还存在哪些差距，提醒其为实现目标需进一步采取的措施等。

二、和孩子一起读一些经典故事

经典故事犹如经典歌曲，往往能拨动您和孩子的心弦，激励起斗志，培养其责任心，起到榜样示范的推动作用。如《生命中的最后一分钟》讲述的是大连公交司机黄志全在行车途中突发心脏病，在生命最后一分钟里，以高度的责任心做了三件事：一是缓缓地把车停靠在路边，用最后的力气拉起手动刹车闸；二是打开车门，让乘客安全下车；三是将发动机熄火。从而避免了一起车毁人亡的重大事故发生。本期连心桥推荐的《寒门学子偷偷跳级上清华》一文的主人公梁鑫也是一位有强烈责任心的学生典范。请您带孩子读读这篇文章，并谈谈读后的感悟。

三、让孩子承担家务，承担家庭一员的角色责任

根据我的观察分析，当今孩子责任心不强的一个重要原因在于我们不少家长认为：现在生活条件好了，对孩子的唯一希望就是学习好，能成器事。于是，只要是孩子说"我要看书、做作业"，家长就乐不可支地为其忙这忙那，家里什么事都不要其做，他（她）甚至可以过着"饭来张口，衣来伸手"的生活。殊不知，人的心理是"容易得到的不珍惜"，您给孩子付出得越多，越给他（她）安排得到位，他（她）就越觉得这些都是父母应该给的、应该做的，越会导致其不领情，甚至冷漠。缺乏责任感也就在您的过度呵护下形成了，学习上也就表现出被动或厌倦。因此，您要通过言和行促进孩子转变一下观念，树立"每个家庭成员都是这个家庭的重要一分子，都有权利享受家庭的成果，同时有义务承担起自己的角色责任"。目前，孩子的主要责任就是尽最大努力读好书，长好身体，养好心理，端正品行。但同时也得承担一两件家务活，自己的东西自己

整理，抓紧完成作业后，腾出点时间拖拖地板、擦擦桌子、洗洗碗筷等。您要学会放得下，干这点活绝对不会影响其学习。干点家务一来可以调节一下每天从早到晚紧张且有点单调的学习；二来可以让其在承担家庭责任的过程中珍惜学习的时间和机会，激发点学习的热情，感受些干活的辛苦，懂得感恩他人的付出。孩子成不成才的核心要素真的不是学习一个方面。家庭教育成功的典范曾国藩先生说过，看一个家庭会兴还是会败，就看三个地方：一是子孙早上睡到几点，二是子孙有没有干家务、有没有勤劳的习惯，三是看子孙有没有在读圣贤的经典。语言浅显，寓意深刻，我常以此衡量、评判自己和女儿的言行。

四、让孩子了解一些父母的烦恼和难处

大多数家长都不愿把自己的痛苦、烦恼和忧愁告诉孩子。不愿给孩子带去负性的信息、情绪显然是十分正确的。但是，逆境造就人。当您在家里或工作上遇到问题和困难时，不妨有选择地讲给孩子听听，让其体味父母的辛劳、创业的艰难、稳定生活的来之不易。有血缘关系的人心灵更相通，打开这些话题，一般的孩子都会变得成熟、懂事起来，知晓了父母为家庭打拼所付出的努力，眼前碰到困难时，孩子会

生发出“我能为您做点什么”的念头，您可以引导他（她）具体能为家里承担些什么活儿，从哪几个方面为父母分忧，帮家庭解难。这个过程是十分宝贵的教育资源，运用得好的话，一定能打动孩子的心，进而激发孩子的责任感，促进其主动、自觉、刻苦地学习。我们常听说“穷人的孩子早当家”说的就是这个道理。

也许有的家长会觉得，我真的没有什么烦恼和难处可以和孩子说啊！那么，建议您按上面第三条去做，给孩子安排一两件家务活，让其坚持去完成，这也是一种责任、一份担当。

五、让孩子为自己的粗心、缺点、错误“买单”

当孩子因为粗心忘带了作业本，因为自己原因迟到，不小心损坏了他人的物品或犯了其他错误，您一定要咬咬牙，狠心点！宁愿让其挨点批评、惩罚或者赔偿、主动上门道歉，也不要代其去送作业本，甚至写请假条、说情、解释。让孩子自己去面对，去寻找弥补过错的有效途径、方法，有过亲身经历、体验后，他（她）才会真正吸取教训，责任心也会在经历中增强。

亲爱的家长，道理容易懂，做到却很难。培养责任心的确是一件长期的、需要慢慢推进的事。但是，

只要您"用心"，从自身的言谈举止细节做起，成为具有强烈责任感的榜样；以自己对事业、对家庭、对孩子等各方面呈现出的责任心去影响、教育孩子，孩子自然会拥有"负责任""肯担当"的优秀品质。只要您"狠心"点，该让孩子承担的责任毫不犹豫地请其承担起来，不要怕他(她)吃点苦、受点累，相信随着孩子责任心的逐渐增强，他(她)能够完成"要我学"到"我要学"的转变，达到属于自己的理想目标。

梁启超说："人生须知负责任的苦处，才能知道尽责任的乐趣。"一个人能承担多大的责任，就能取得多大的成功。愿您我把握"用心""狠心"两个关键词，同心协力把孩子培养成为拥有强烈责任心的好公民，促进其学业有成、一生幸福！

祝

全家好！

潘志平

2007.11.28.

怎样引导孩子在细节中提高情商

亲爱的家长：

A heavy snow promises a good harvest.（瑞雪兆丰年）此刻窗外飘舞的鹅毛大雪昭示着充满瑞气和丰收的2011年正款款向我们走来。首先祝您兔年吉祥、如意！

期末考刚刚结束，想必您一定在关心孩子考试成绩如何。不知您在看分数的同时，有没有科学地分析分数背后的东西，如孩子的智力、小学到现在的勤奋程度、原有的基础、目前的方法……不知您是否关注过还有一个对眼前的成绩、对未来的发展起关键作用的因素——情商。寒假、春节，是您引领孩子培养情商的黄金时间。今天，我就和您聊聊怎样指导孩子在生活、学习的细节中提高情商的话题。

先让我们学习一点情商的知识。心理学家认为，情商主要是指认识自己，调控情绪，激励自我，了解他人，妥善处理人际关系的能力。情商（Emotional Quotient，简称EQ）高的人，社交能力强，外向而愉快，对学习和工作较投入，为人正直，富有同情心，善于为他人着想，自己乐观向上，也受他人欢迎。与智商（IQ）相比，

EQ对人的成功和幸福更为重要。不是吗？《三国演义》中的周瑜是个智商特别高的人，33岁就火烧赤壁打了大胜仗。但他爱生气，心中容不得别人，多次想把诸葛亮干掉。结果呢？"孔明三气周公瑾"，诸葛亮抓住了他情商中的软肋，周瑜被其气得连喊几声"既生瑜，何生亮"的感叹后竟然一命呜呼，年仅36岁！现实生活中，我们不难发现，有的学生人很聪明却总不能取得应有成绩，有的智商一般却成绩出色。单位里也有这样的情况，有的员工很能干却难以获得持续成功，有的水平一般却能把工作干得有声有色，这主要是因为情商高低不同。正可谓"智商诚可贵，情商价更高"。

那么，我们可以哪些方面指导孩子提高情商呢？

一、指导孩子学会对自己好

1、高情商的孩子的第一个特点是了解自己、悦纳自己——认为我就是这个世界上独一无二的最好的我。

要让孩子悦纳自我，第一关就是您始终要以欣赏的眼神与其交流，打心眼里喜欢他（她）的一言一行，乐于分享他（她）的思想。这当中，挑战最大的就是当孩子不太听您的话或犯错时，您能不能做到就事论事指出他（她）的问题所在，客观实际地帮助他（她）改正缺点错误。孩子出现问题时怎么办呢？第一步是要静下心来把事情的来龙去脉搞清楚。建议您拿两张凳子，您和孩子都坐下来，耐心地听孩子把情况讲一遍，记住：一定得忍住气，听其把话讲完哦！第二步是与孩子分析问题所在，帮助其找到缺点错误，让其承认自己的不足。第三步是一起商量改正缺点错误、解决这次问题的合适方法。这样，孩子内心不会因为自己犯了错而否定自己，口服心也服地把问题解决好，把错误改掉。在这过程中，您可以严厉地批评，也可以惩罚，但要避免下列做法：1.一听到（或看到）有"状况"就火冒三丈，不分青红皂白地把孩子训斥一顿、数落一番，容不得孩子有辩解的机会，就轻易地定论一定是孩子的错却说不出到底错在哪儿，怎样解决这个"错"。2.一批评今天这件事，说得来气了，就把他（她）以前的或其他方面的不足全都"抖出来"，这也不是，那也不好。3.总与其他孩子比较、与自己小时候比较。您想，如果您对孩子是横挑鼻子竖挑眼，眼中都是孩子的缺点和不足，孩子到了青春期出现了叛逆，您更是难以接受和容忍，那么他（她）怎么能够确立良好的自我形象，自信、自律地成为最优秀的自我呢？

要让孩子悦纳自我，第二关就是您要以合适的方法引导孩子对自己持正面的评价，对未来有积极的期待和乐观的态度。您不要过度关注孩子的高矮胖瘦，特别是要避免在他人面前评头品足、比这比那。您和孩子聊天时，可玩一玩"找优点"的游戏：第一轮，一口气报出自己拥有的若干个优点；第二轮，慢慢想想自己还有哪些优点；第三轮，双方说说心目中对方还有哪些优点。过一段时间，又可以进行一次"这段时间我增加了哪些优点或哪些方面我做得很棒"的"说优点"游戏，胜者有奖。请您记住：人都是喜欢听好话的，优点是会越说越多的！

怎样让孩子充满乐观的、积极的期待呢？建议您时常与孩子描绘家庭发展的蓝图，说说其发展的愿景，引导其珍惜自己的生命、珍惜拥有的一切；引导其对人多看优点、亮点，对事多看有利的一面。即使孩子遇到困难、经受磨难，您也要不断鼓励其勇敢面对，乐观主动地接受现实，渡过难关；即使孩子看到或听到了社会上存在的不良现象，您也要正向启发其看主流，并尽己之力推动社会向好的方向发展。同时，建议您始终对孩子有信心、有激励（特别是目前成绩不够理想的孩子），从而让孩子永远拥有一颗积极进取的心，在学习和工作中能够不满足于现状。您和孩子一起把大的目标分解为一个阶段一个阶段的小目标，通过适当高一点的目标激发孩子超越自我和他人的上进心；通过千方百计帮助孩子一步步实现目标、体会成功来实现"我很棒、我能行"信念的确立，让一次次目标达成后成功的喜悦变成孩子追求更大成功的热情。您可充分运用好这次期末考成绩，每一门学科得分失分情况来做好这一步工作，使其开学后充满信心和斗志，在原有基础上更上一层楼。

2、高情商的孩子的第二个特点是能够较好地管理好自己的负性情绪——在应急的状态下不大发脾气。

处于青春期的初中孩子易生气、发怒，爱钻牛角尖、认死理。所以，请您一方面要理解、包容孩子，当孩子与您发生矛盾冲突甚至争执时，最好能采取冷处理的方法，您先让一步，"退是为了更好地进"，待双方都心平气和一些了再进行深入的交谈。尽最大可能不要和孩子争吵，因为那很有可能使双方都没有面子，陷入僵局。如果您做到不轻易发火，就为孩子管理好负性情绪树立了榜样。另一方面，平时要有意识地教给孩子一些制怒的好方法，如深呼吸法、离开现场法、数数到60等，以让自己

能及时平静下来。

二、指导孩子学会对他人好

高情商的孩子的第三个特点是能与父母长辈、兄弟姐妹、老师同学、亲朋好友及其他社会人员友好相处。

1、指导孩子言谈举止得体受欢迎。人人都希望得到他人的尊重，您要示范并让孩子做到：他人面前站要有站态，坐要有坐相；客人来访或父母下班回家时，要立即起身，热情招呼，让出一把椅子，泡上一杯热茶；用餐时，需等全部人员入座后才开始动筷子，提前离席要示意、说明。一般来说，礼多人不怪。

微笑是人际交往最好的名片和通行证。您要示范并让孩子明白：脸上常常带着发自内心的微笑既表示自己乐观自信、心旷神怡，又让他人感到愉悦，非常乐意与你交往，而且还有“伸手不打笑脸人”的功能呢！

2、指导孩子站在他人角度说话做事。这是人际交往取得成功的核心要素，但恰恰又是现今自我中心倾向比较明显的孩子普遍缺乏的情商素养。您要明确告诉孩子并让其牢固树立这样的观点：通情达理的人能设身处地考虑他人的情感体验，具有换位思考的能力和习惯。所以，说话时，要观察对方是否对自己的话题感兴趣，对自己的音量、语调是否皱眉反感；眼睛要看着对方但又不能死盯着对方；既不能光说不听，也不能只听不说或没有相应的回应。他人说话时，不要随意插话，更不要总是抢着说话。做事时，要善于了解他人的意图。比如饭桌上帮人夹菜时，要看一看对方是否真正喜欢和需要。当对方的观念和行为与自己的意愿和思路发生矛盾冲突时，要学会双方各退让一步，然后达成一致。例如，正月初三，您想带孩子去拜访一位长久没有来往、孩子不太熟悉的亲戚，他（她）就有可能表示不高兴，不愿去。这时，您需给其一点缓冲的时间或空间，不要硬邦邦地逼着其跟着您出发。然后坦诚地向他（她）说明您的想法，请其换位思考，理解您的感受，进而愉快地与您同往。

3、指导孩子学会选择朋友。孩子情商的高低与其身边朋友的好差有很明显的正相关关系。孔子说："益者三友，友直，友谅，友多闻，益矣；友便辟，友善柔，友便佞，损矣。"意思是说，同正直的、诚实的、见闻广博的人做朋友，是有益的；同虚伪应酬，假意随和，花言巧语的人做朋友，就有害了。请您和孩子一起把孔子的这段话背下来，理解透彻，然后用孔圣人的标准去审视周边的人，决定选择多和哪几个人来往，深交为好朋友。初中生的人生观、价值观尚处在形成的关键期，在如今多元化价值取向的背景下，非常需要您帮助孩子牢固树立"和最优秀的人交朋友"的思想，明辨是非，避免受漫画小说、青春小说误导，盲目冲动，讲哥儿们义气，与不思进取、懒散甚至常有违纪行为的人交朋友。

最后想提醒您的是：在引导孩子提高情商的过程中，要力求全家人特别是爷爷奶奶、外公外婆要保持对孩子要求和目标、方向的一致，要重视长辈在对己对人的态度和方式方面的示范作用，要坚持运用训练为主、说理为辅的方法。

祝您

阖家幸福、吉祥！

潘志平

2011年1月18日

家长会上，气氛热烈

怎样引导孩子学会分享

亲爱的家长：

提笔先代表全体公益人给您拜个早年！

今天，我请您孩子带回了一袋过年的礼品，我想通过这礼品给您全家增添一点物质上的享受，更想通过让孩子分发礼品的过程，传递"分享"这一精神上的正能量。

您知道，一个懂得分享、乐于分享的人，一定是一个受大家欢迎和尊重的人。但是，我们不难发现，如今的孩子自幼在"众星捧月"的氛围中成长，习惯了Take（拿取），不太愿意Give（给予），大部分孩子多多少少存在"自我独享"的现象。所以，我认为引导孩子学会分享是促进孩子提高情商，帮助其成为受人欢迎和尊重的好人的重要内容。

那么，怎样有效地引导孩子学会分享呢？

一、让孩子明白分享的魅力

您可以和孩子一起上上网，点击百度"分享"，搜索"分享"的内涵、意义等；您可以和孩子一起逛逛书店、泡泡图书馆，读一些分享的故事；您可以和孩子一起坐下来回顾一下自己有哪些因为"会分享"给大家带来快乐、分担忧愁的往事……然后，您和孩子聊聊各自对"分享"的理解，让孩子真正明白"赠人玫瑰，手有余香(The rose's in her hand, the flavor in mine)"。"独乐乐不如众乐乐"(It is much joyful to share the joy than enjoy alone)的道理，从内心接受"Give"，懂得分享、乐于分享。

二、让孩子掌握分享的方法

1.引导孩子学会分享拥有的物质。时常提醒孩子在吃、用任何能分享的东西前，先问一句"您需要吗"，或者习惯性地拿一点给在场的人，留一份给不在现场但可能需要这东西的人。当孩子把东西分给您或留给您时，您就落落大方、脸带笑容、口表谢意地接受，而避免说"不要，不要"、"你留着自己吃"。如果孩子没有给您的意思或一时忘了问您是否需要时，建议您脸皮厚一点，主动向他(她)讨："给我一点尝一尝，用一用，好吗？"

2.引导孩子学会分享思想观点。萧伯纳说："你有一个苹果，我有一个苹果，我们彼此交换，每人还是一个苹果；你有一种思想，我有一种思想，我们彼此交换，每人可拥有两种思想。"由此足以说明分享思想比分享物质意义更大，影响更深远。建议您每周至少花半小时，静下心来，敞开心扉与孩子谈谈家事、城事、国事、天下事，说说天气、环境、人物、事件，聊聊学习、生活、锻炼……耐心听听孩子的观点，无保留地表达自己的思想观点。当然，要尽量减少负性情绪，客观评价人和事，多多提供正能量，指导孩子以积极乐观的眼光看待社会，树立良好的价值观。

3、引导孩子学会分享快乐和成功。快乐、成功的事总是越说越多的！生活中的许多快乐，其实都是从分享中得来的。比如，大家坐在一个沉闷的车厢里，有人讲了一个笑话让众人捧腹大笑，他自己快乐的同时，也把快乐传递给了大家。如果孩子性格比较内向，请您尽量多地启发、鼓励他（她）及时把学习、运动、个性特长、生活上成功的事情讲出来，表露自己的喜悦之情；如果孩子性格是外向型的，当他（她）取得成绩向您报喜时，请您千万不要勉强表示一点高兴后，马上跟上一句"不要骄傲""看看人家还比你强多了"之类的话。较理想的做法是：祝贺其成功，为其取得的成绩喝彩，具体化地夸奖，共同享受其喜悦之情，而后与其探讨新的、具体可行的目标。这样，快乐、成功就成了下一步发展的动力。

4、引导孩子学会分担痛苦和失败。一份快乐两个人分享，就变成了两份快乐；而一份痛苦，两个人分担，则变成了一半痛苦。我们每个人都难免会遇到失败与挫折。这时，如果我们把心中的不快、忧虑向信任的亲人、同学、朋友倾诉出来，心里就会舒坦得多。因此，您在日常生活中要善于对孩子察言观色，当孩子表现出不够通畅开心的神态时，您一方面要留出时间、空间，让其有机会把自己的痛苦、纠结说出来；另一方面，要积极鼓励孩子在愿意把自己内心郁闷让人分担的同时，也要乐意为他人分担痛苦。

5. 引导孩子学会分享学习资料和经验。我校2011届毕业生楼张炜同学利用初中毕业后的那个暑假，将初三一年做过的数学题进行了筛选整理，编成《2012年中考数学基础冲刺训练集》，内有各种经典题型，更有亲手摘抄的易错题。教师节那天，张炜把集子交到了吴锦林老师手里，成了后人初三复习阶段数学的经典资料。楼张炜说："我花了一些时间把资料整理出来的目的是给学弟学妹们提供一些有价值的好题目。在整理的过程中，我自己又悟到了不少新东西，就等于进行了一次系统、全面而且更深刻的复习。"的确如此，信息社会，人人都有资源，处处都是资源，共享才能获得双赢，给同学讲懂了一道题，自己对这道题的理解会更深；与同学分享了自己学习成功的心得和举措，也对自己的学习方法有了反思和提升；组建学习小组共同学习，有利于形成学习氛围，在学科知识、能力上相互借鉴、一道探讨，一起走得更宽、更远。所以，您一定要引导孩子在学习上不要自我封闭、保守，不要吝啬分享哦！

6、引导孩子避免将"Give"强加于人。"给予"要以对方愿意接受为前提，否则会弄巧成拙，让双方陷入尴尬境地。比如，吃饭时别人不想要的菜，就不要硬邦邦地夹给他；他人不太有兴致听你讲话的时候，就不要滔滔不绝地表达自己的观点。己所不欲，勿施于人！

真心希望您的孩子成为懂分享、乐分享、会分享的优秀的社会人。

诚祝

合家快乐、幸福！

潘志平

2013.2.1

昌化山核桃

引导孩子做勤俭的、有出息的好人

亲爱的家长：

您好！

3月1日开学那天，在与几位家长聊天时，自然谈到了过年的话题。结果发现，家长在给孩子买新衣服、发压岁钱等问题上存在着明显不同的观点。有的认为孩子虽然不应该讲究吃穿，"穷养"对其成长有利；有的认为现在也就一个孩子，让其享受现代物质文明成果，"富养"对其气质形成有好处。所以他们都想听听我的意见。

孩子到底是穷养好还是富养好？让我们先来读一则经典小故事。

在中原伏牛山下，住着一位叫吴成的农民。他一生勤俭持家，日子过得有滋有味。临终前，他把一块写有"勤俭"两字的横匾交给两个儿子，告诉他们说："你们想一辈子无忧无虑吗？那就一定要照这两个字去做。"没多久，兄弟俩分家时，把匾锯为两半，老大分得一个"勤"字，老二分得一个"俭"字。

老大恭恭敬敬地把"勤"字挂在家中，每天日出而作，日落而息，年年五谷丰登。但是，他的妻子却大手大脚地过日子，他的孩子受妈妈影响也常常把白白的馒头吃了

两口就扔掉。久而久之，家里就没有一点点余粮了。而老二呢？他也端端正正地把“俭”当作“神谕”供放在中堂，却早已把“勤”字抛到九霄云外去了。他疏于农事，不愿精耕细作，每年收获的粮食自然不多，日子过得非常拮据。

这一年遇上大旱，老大老二家中早已是空空如也。他俩懊恼之下扯下字画，将“勤”“俭”两字踩碎在地。这时候，突然有纸条从窗外飞进屋内，兄弟俩连忙拾起一看，上面写道：“只勤不俭，好比端个没有底的碗，总也盛不满！只俭不勤，坐吃山空，一定会受穷挨饿！”兄弟俩如醍醐灌顶，恍然大悟。原来，“勤”“俭”两字不能分家！它们相辅相成，缺一不可。吸取教训后，他俩写了“勤俭持家”四个字贴在门上，提醒自己，告诫妻儿，勤耕作，细打算。从此，两家人日子过得一天比一天好。

亲爱的家长，不知您读后有什么感想？真心希望您让孩子也认真读读这个故事，然后双方都谈谈自己的读后感，说说自己对“勤、俭”两字的理解，进而您可因势利导，结合家庭实际帮助孩子树立正确的“勤俭观”。我想，这对于他们这一代基本上没有受过饥饿寒冷之苦的“new new people”（新新人类）的成长，对您家庭的可持续发展都具有十分积极的意义。

按照我的理解，"勤"是指创业，为了实现自己的目标，咬紧牙关，踏踏实实地、孜孜不倦地学习、工作，顽强刻苦地拼搏、奋斗。"俭"是说要守业，守业的核心在于节俭。应用到学习上，"勤"意味着要集中精力、肯花时间，"俭"则意味着要用好时间，提高效率。缺乏勤奋的精神，学习不可能取得应有的成绩，事业不可能取得真正的成功；而一个不懂得节俭的孩子，往往贪图享受，不思进取，学习动力不足，缺乏斗志和拼搏精神，长大后不太会有出息。这是我当班主任、当校长27年来观察、分析上百例学业失败的学生得出的结论。因此，我认为孩子应以"穷养"为主。工薪阶层、家庭经济条件一般的家长，千万不要自卑，不要因无法满足孩子买这买那而产生负罪感，更不要打肿脸充胖子地去和人家比吃穿，而应坚守"穷人的孩子早当家、有出息"的志气，多多引导孩子和他人比思想表现、比学业成绩。

当然，"穷养"不单单指物质上的控制，也不是说非得让孩子吃糠咽菜、忆苦思甜。只要家庭条件允许，适当让孩子吃得好一点、穿得舒服一点无可厚非，给他（她）营造一个良好的学习环境也很有必要。总要动脑筋的是把握好度、科学艺术地让孩子既享受到良好的现代物质生活，又不一味追求吃品牌、穿名牌、玩名贵电子产品；既

有钱花又不乱花钱；既能勤奋、刻苦学习，又能讲究方法，注重提高单位时间内的效率。

我知道，把握这个"度"实非易事，您不妨从以下5个方面试试看。

一、坚持家长不摆阔原则

条件好了，家长买辆好一点的车子开开没有问题。但如果您在孩子面前表露出非常有钱，想买什么就买什么，买来后束之高阁或随意挥霍，那就可能成为大问题了。因为，您的阔绰范儿会成为孩子大手大脚花钱的样板，您的缺乏计划的消费习惯，与亲邻、朋友或他人的物质攀比心理每时每事都在侵蚀您的孩子。他（她）要么会学您的样子潇洒花钱，要么产生这样的心理："反正我家有钱，家里有那么多资产，我不拼搏照样能过上安逸舒适的生活，我要那么辛苦读书干吗？！"您知道，趋利避害是人的通性，懒惰、享乐是人的天性啊！

二、坚持按需给钱的原则

大富豪比尔·盖茨给孩子的零花钱是每人每个月3美元，而且定下制度：如果每个人的零花钱有节余，那么下个月可以多给一点，以此培养孩子勤俭节约的好习惯。我校规定学生每周的零花钱不超过20元，请您配合我们执行这个标准。如果遇到孩子要买书等特殊情况，请您按实际需求给钱，事后报账，有奖有惩。切忌孩子一问您要钱，就随手大方地抽一两张百元大钞给他（她）。对大部分孩子来说，钱多是患，钱放在身边，脑子里就想着如何把它用掉，也就较难静下心来读书了！建议您为孩子备一本《现金日记簿》或《个人理财本》，将孩子的收支情况作一记录，对孩子的消费习惯、理财意识和良好品性的培养不无裨益。

三、坚持有付出才有享受的原则

不要对孩子的物质要求百依百顺，有求必应，更不要主动给他买这买那，以致于当孩子取得某项优胜、获得嘉奖时，您问其想要点什么，他（她）想了半天都想不出需要买什么，因为平时都已配齐了一切！让孩子去澳洲、美国夏令营、冬令营时，最好要以通过自己努力实现了您和他（她）事先约定的某个目标为条件，孩子真正付出了努力才得到了他（她）渴求的享受效果是最好的。因为通过自己勤奋努力、刻苦拼搏甚至千辛万苦获得了某样东西、某个机会，会给孩子带来快乐、喜悦，充满成就感。否则，容易得到的东西不珍惜，不劳而获，根本无法体验到您的艰辛和难处。让其记住：No Pains, No Gains（不劳则无获）。

四、坚持实用优先的原则

买鞋子不要非耐克、阿迪不买，买日用品不求你贵但求实用。目前用不着的手机、Mp5等干脆就不要买。这样的消费观对他（她）一辈子的生活都很有好处呢！

五、坚持小事入手的原则

您既要用自己奋斗的经历、家庭生活的实际以及其他生动入耳的故事跟孩子讲勤俭的道理，更要指促孩子从节约一滴水、一张纸、一度电，指导并放手让孩子勤做家务活。运用到学习指导上，就是既要从“勤”开路，自觉刻苦、坚韧不拔地沉浸在书本中，并勤于思考、提高学习能力，又要讲究方法，提高效率，学习时一丝不苟，认认真真，玩耍时心情放松，快快乐乐。告诉孩子记住并践行这句话：“既要抓紧每一分钟学习，更要抓紧学习的每一分钟”。这样，日久天长，勤俭的习惯慢慢地就内化为您孩子的优秀品质了。

也许有的家长会问：不是说“穷养儿富养女”吗？我认为，富养女主要是养她的气质，养她的见识、独立和主见、智慧，让她明白什么是真正值得自己追求的东西，日后不易被各种浮世的繁华和虚荣所诱惑。另一方面，当代女性与男子肩负着同样的担当呢，对吗？

亲爱的家长，古人云："道德传家，十代以上，耕读传家次之，诗书传家又次之，富贵传家，不过三代。""君子之行，静以修身，俭以养德。"如果您能时时以"勤"、"俭"两字鞭策自己和孩子，引领孩子关注细节、养成勤俭的好习惯，一定有利于孩子良好德行的养成，也有利于家庭的兴旺发达。勤俭是一剂让孩子心无旁骛，抵挡诱惑、减少浮躁的良药，它能让孩子内心宁静，集中精力，勤奋学习。

为此，继前几个学期陆续开展"早到早学、书声琅琅"、"遵守规则，我把左半边留给您"、"劳动意识，从学会拖地板开始"等"重点小事"活动后，这学期我校将重点开展"修身养性，从节约点滴开始"活动，恳切盼望您和我们形成合力，共同做好"穷养"孩子的工作，好吗？

祝您的孩子

德才兼备有出息！

校长：潘志平

2010年3月12日

杭州太子湾春游，相亲相爱的公益一家人

怎样引导孩子提高承受挫折的能力

亲爱的家长：

您好！

今天，一股强冷空气来到杭城，气温骤降，您我都在提醒孩子多穿点衣服不要着凉防止感冒。由生理上的"御寒"，我想到了心理的"抗挫折"，于是提笔和您聊聊怎样引导孩子提高承受挫折能力这一话题。

正如冬天遇到冷空气很正常，"人生不如意事十有八九"，每个人在人生道路上都会遭受或多或少、或重或轻的挫折。我们的孩子也不例外，特别是在竞争激烈的当今社会。

然而，不知您是否已经意识到，现在的孩子承受挫折的能力真的比较弱。不少孩子基本处于一种伤不起、碰不得、骂不得、更打不得的状态。因为同学之间的一点矛盾、家长或老师的几句批评、自己愿望未能达成、心中莫名其妙的一些烦恼而大发脾气、离家出走者大有人在，严重的甚至为一点点小事失去理智伤害他人，不负责任、不顾后果的自残甚至"想不通"……也时有耳闻。究其原因，可能与家长对孩子从小就娇生惯养、过度呵护和让步；社会大环境对孩子过度强调赏识教育，在孩子是靠夸出来的"理念影响下，我们的孩子往往得到了太多廉价的表扬，以及惩戒教育严重缺失等诸多因素有关。怎么办？只是担心、叹息肯定于事无补，积极主动地帮助孩子正确认识和面对挫折、提高心理承受能力是为上策。建议您从这三个方面着手：

一、引导孩子正确理解、认识挫折

"知"是"行"的前提。第一步，给孩子讲讲挫折是什么。挫折是人在有目的地做事过程中，遇到了障碍，使他（她）的动机无法实现、需要得不到满足时产生的情绪反应，如焦虑、失望、担心、痛苦等。第二步，让孩子说说自己以前碰到过上述情况的例子、故事，让他在讲述经历的过程中明白：挫折是正常现象，每天都可能产生。在成长的旅途中，阳光与乌云、鲜花与苦果、欢笑与泪水会同时伴随着我们每一个人，所以挫折来了无需躲避。第三步，在孩子理解、认识挫折的基础上，带着他（她）细细品读泰戈尔的名言："只有经历地狱般的磨炼，才能炼出创造天堂的力量；只有流过血的手指，才能弹出世间的绝唱。"挫折是障碍，却是人生的必经之坎，唯有勇敢、积极地面对它，才能在失望甚至绝望的挫折中超越自己，顺利成长。您可选择适合孩子、孩子喜爱的接受挫折、挑战挫折的一两句名人名言抄下来，张贴在孩子房间；收集一些古今名人、身边凡人"不经一番寒彻骨，怎得梅花扑鼻香"的励志故事，在平时与孩子沟通过程中，有意无意地讲给孩子听听（请特别注意，讲这些故事时尽量少点说教），让孩子增强勇敢面对挫折的勇气，学习应对挫折的方法。

二、舍得让孩子吃点苦、受点委屈

卢梭说："你知道用什么方法可以使你的孩子不幸吗？这个方法就是百依百顺。"这话一针见血又富含哲理。"百依百顺"是导致现今孩子心理承受能力低的主要因素之一。多位长辈围着一个小孩转，从小对其有求必应，慢慢使其形成"我最大"的自我中心性格，一旦碰到挫折便任性妄为，经历失败便无所适从，缺乏直面挫折并战胜挫折的勇气和经验。

恕我直言，在我接触的家长中，有的不肯让自家的孩子受一点点委屈，同学间、师生间、邻里间有一点点貌似伤害到他（她）的言和行便不依不饶，想尽办法为他（她）出气、百般呵护；有的对"老虎屁股摸不得"的孩子束手无策，主要是怕孩子得罪不起；有的嘴巴上说让老师尽管严一点、凶一点，也有让孩子吃点苦的想法，而一旦去做时却又宝贝得不得了；还有许多是爸爸妈妈愿意让孩子吃点苦、受点委屈，爷爷奶奶、外公外婆坚决不干，使孩子根本没有机会经受挫折。平心而论，现在有条件了，千方百计为孩子铺平成长的道路无可厚非。但是，让孩子受些委屈、经受挫折更是一种负责任的态度，一定程度上讲是一份更有意义和含金量的爱，因为什么委屈都受不了的孩子，将来进入社会后只要一个小小的挫折，就可以把他（她）彻底击垮（这一点，请您与孩子的爷爷奶奶、外公外婆多多沟通到位，卢梭的话可以作为金玉良言铭记）。

1.思想上狠狠心。对孩子该狠心时不心疼，这是真心爱孩子的体现，虽然一时一地给孩子有点不愉快、委屈、失败，却给孩子一辈子的幸福打好了基础。所以，让孩子在必要的时候感到不舒服；让孩子体验失败，知道许多事情是不可能按自己的意愿，想要就能实现或得到的；让孩子在一次次承受苦难、委屈的挫折中学会接受不能改变的现实，学会原谅自己、宽容他人，听得进他人的意见、批评甚至指责，在吃苦、失败、受委屈的过程中磨炼意志，能受挫折、会受挫折，变得越来越坚强。

2.行动上做规矩。我认为孩子的教育家长和老师都需一手拿“胡萝卜”（鼓励、表扬）、一手拿“大棒”（惩戒）。当孩子违反原则问题、触犯了底线要求时，“大棒”要发挥作用，把该有的规矩做严、做实，孩子日后在残酷的社会现实面前就不会惊慌失措，做到得意时淡然，失意时坦然。现今的学校、老师在做规矩方面确实有太多的无奈和力不能及，所以这些工作得由您多考虑点了。

3.让孩子为自己的事多操心，为自己的错误买单。包办太多对孩子的耐挫能力一定是有百害而无一利的。学农劳动所需的物品就由孩子自己整理，因粗心而忘了带东西时就让其自己解决、承担责任；受老师批评、同学冤枉时，家长您要熬得牢不去给他（她）协调、打电话等，而是指导其怎样承担各自的责任，承认不足，通过合适的方式解决问题。

亲爱的家长，从我个人小时候所吃的苦、受过的委屈、对日后学习、生活、工作产生的积极影响来看，我认为现在让孩子吃点苦、受点委屈是非常有价值、十分值得的。在大部分家长都过度娇惯孩子的大背景下，如果您能舍得这样做，才是真正对孩子负责，对其正确的世界观、人生观、价值观形成有益，对学习成绩提高有利。

三、引导孩子科学面对遇到的挫折

1.调整好情绪，让心静下来。孩子冲动、脾气大的时候，您一般要避免针尖对麦芒争论、指责甚至大声呵斥。尽量运用冷处理法，言传身教引导孩子学会遇事先数数，数到

10，20或者30，做几个深呼吸，离开生气的现场，做点别的事等。允许孩子有情绪，但要求其切记"冲动是魔鬼"，有脾气但不可有冲动的行为、过激的言辞，冲动时不解决问题（因为冲动时做事往往易让事态扩大，甚至酿成大祸）。

2. 分析挫折原因，呵护信心。等孩子心平气和时，和他（她）一起全面、客观地分析遭受挫折的原因，学会"内观"（即多从自身角度积极地寻找问题所在），纠正自身的不足。当发现目标过高、实现可能性较小时，请您和孩子商量适当把目标调低一些，避免不断经历失败，信心全被摧毁。挫折面前一蹶不振、破罐子破摔是最可怕的。所以您要尽最大可能呵护孩子成长中的核心要素——信心。

3. 父母表率，因人指导。"孩子是反映父母心灵的镜子，心神安定的母亲，其孩子也会从容不迫"。所以，挫折面前，您一定要沉着冷静、积极应对，不打退堂鼓，开动脑筋寻求解决问题的方法，让孩子受到鼓舞、学到方法。当然，只要是孩子经过努力能解决的问题，您要主动创造机会让其自己解决，"示弱"是培养孩子耐挫力的好方法。

培养承受挫折的能力需因人而异。对自己感觉特别好、平时表扬声听得多的孩子，您需有意识地多多发现并指出其不足；对平时受批评较多，表现出怯懦和自信心不足的孩子，则要帮助其一点一点克服困难，并及时肯定鼓励其进步；对中间段的孩子，他们平时所受到的关爱相对较少，所以常常因为愿望“高不成、低不就”而难以体现自身价值，易通过发脾气来发泄不满，您需及时掌握并缓解其烦恼，引导其积极地向高一层次奋斗，避免挫折感累积。

祝您的孩子

阳光、自信、耐挫折！

潘志平

2008年12月4日晚

七 让孩子成为受欢迎的人

怎样让孩子成为生活的强者

亲爱的家长：

您好！

如果我问您："您希望自己的儿子（女儿）今后幸福和快乐吗？恐怕没有一位会回答'No'！"

但是，如果我再问您："您是否有意让孩子在寒风骄阳下锻炼过？您是否有意让孩子品尝过失败的滋味？"可能会有许多家长难以说"Yes"。为什么？答案也许会是：现在就这么一个孩子，不忍心。现在吃不愁用不忧的，为何非得让孩子吃那些苦？现在的孩子读书做作业都来不及了，没有工夫顾这些事啊，将来孩子长大了自然会好的……

平时工作中，时不时会遇到这样的案例：家长见到老师时会跟老师授权："对我小孩严格点，该批评就批评，不听话时打几下也没有关系的。"而一旦自己孩子和同学发生一点不愉快或被老师批评几句，受了点委屈，家长轻则打电话来以责问的口吻表示不理解或不满情绪，重则赶到学校兴师问罪，大发雷霆，也有的碰到点点矛盾就到处托人说情，目的只有一个："不能让我孩子受委屈。"

动物界有这样一道风景：母狮在养育小狮时，常常故意把小狮领到悬崖边，然后冷不防将其往下一推，让小狮在身临险境中挣扎求生。这种培养孩子的方法就是许多教育心理学家极力推崇的"挫折教育法"——为了孩子成为社会生活中的强者，家长、老师等想方设法设计一些障碍，让孩子在苦与难、饥与寒、挫折与失败、困境与压力中，学会怎样面对不顺心或不能满足自己需求，甚至使自己很难过下去的苛刻环境，在艰苦的条件下磨炼意志，提高自己的心理承受能力。

也许是现在的孩子实在是太少了，也许是现在的生活越来越好了，也许是社会正处于一个安定平稳的和平时期……一个值得您我高度关注的事实是如今的孩子所受的苦难和挫折真的是少之又少！由此带来的严重问题是：孩子的吃苦精神严重缺乏，比如搞点卫生等活儿就大喊其累，能逃则逃；操场里跑两圈、作业略微多一点、学习任务稍重一点就哇哇大叫。孩子的耐挫折能力大幅下降，比如稍微受点委屈或遇到点不顺心的事就如临大敌，好像天马上要塌下来似的……

由于缺乏吃苦耐劳的精神和抗挫折的能力，面对竞争、面对不公、面对伪善、面对邪恶，相当多的孩子往往措手不及，不能正确认识矛盾和困难，更缺少有效解决的方法。面对父母的要求、老师的批评、同学间的摩擦，许多孩子只听得进表扬，容不得他人的不足，"老虎屁股摸不得"。当自己的愿望得不到满足、学习成绩不够理想、人际关系不够和谐时，有的孩子动不动就翘鼻子，甚至赌气出走，采取极端手段。

实事求是地分析，不是孩子缺乏吃苦的精神和耐挫的能力，而是家庭和社会缺少培养孩子吃苦精神和耐挫能力的氛围和机会。从小开始，您就怕孩子辛苦、吃苦，"捧在手里怕摔了，含在嘴里怕化了"，太心疼孩子，使得其惰性越来越强，存有的潜能得不到较好发挥。读初中了，作业量比小学时大一点，学习时间比小学长一点，就生怕孩子吃不消。孩子受点委屈，您的心里就总感到不太舒服……在这样的氛围中长大，孩子自然不愿吃苦，也受不了委屈。您说对吗？

"自古英雄多磨难，从来纨绔少伟男。"虽然今天大多数的孩子吃穿不愁，无需再吃糠咽菜，但万不可受有点浮躁、追求享乐的思想观念的影响，贪图安逸和生活的舒适。孟子揭示的人才成长规律值得您在艰辛而有意义的育儿路上反复品悟："天将降大任于斯人也，必先苦其心志，劳其筋骨，饿其体肤，空乏其身……"相信您今天事业上的成就、积累的资产，都经历过初始创业时的磨炼；学业有成者，几乎都受过十年"冷板凳"之苦。您想孩子成功吗？那么就别怕他（她）吃苦受挫折。即使您只想孩子平平安安过一生，也需跟其谈谈，明白人的一生磕磕碰碰，遇到些挫折、困难是难免的，能把受点"挨几回批评、考试成绩不够理想、父母或同学不理解自己"之苦看作人生不可缺少的一部分；引导孩子内心树立做人的准则、做事的目标，同时也做好承受最坏结果的心理准备。这样，孩子就能慢慢地接受平平常常生活中意想不到的挫折，坦然面对困难、失败、挫折，进而进入"宠辱不惊，闲看庭前花开花落；去留无意，漫随天外云卷云舒"的境界。

之所以跟您聊这么多道理，是因为近期不少家长在给我写信，与我沟通时，对孩子学习上的负担和压力有怨言，也有纠结：让孩子吃苦，心疼；不让孩子吃苦，担心学习跟不上人家。也有的家长问我："到底是严一点好还是许多书本上讲的民主一点好？" 我的观点是，孩

子已经读初中了，千万不要太呵护着他（她）！只要您适度、得法地管、引导，孩子自我解决、克服困难的潜力就会被激发出来（这些潜能您不用就白白浪费了）；孩子承受挫折的心理、抵抗挫折的能力有很大的空间。这些年的教育经历，我看到了许许多多成功家教的经典例子，也与不少失败家教的家长品尝过过于宠爱带来的苦涩。整体感觉是：家庭民主平等有利于孩子个性的张扬，活泼有想法。但是，严格必不可少，严格一点不会吃亏。到初中了，如果该管的事情再不下决心管起来，孩子喜爱自由、懒惰怕吃苦的天性就会越来越强，初中再不管，以后想管也管不起来了。因为您现在对孩子太宠、太宽松、过于民主，缺乏“长幼有序”，您说话一点权威性都没有，面对孩子的任性、无理束手无策，您的家庭教育就有可能走在“失败”的边缘了，很可能会因“当时没做好规矩、让他吃苦”而追悔莫及，孩子耽误了，您痛苦，家庭也会失去应有的成就和快乐。

为了孩子好，为了家庭好，让孩子吃点苦、受点委屈和挫折，好吗？

爱您和您孩子的：潘志平

2005年5月20日

怎样让孩子成为最优秀的自己

亲爱的家长：

见字如面！

这是一位当老师的妈妈在给我的来信中的一段话：“阿潘校长，我现在的心理压力不仅来自自己的教学，更多的是来自‘家长’这个角色。您也是陪伴孩子一路走过来的家长，相信您能理解我的心情，但因为您的孩子优秀，我估计您不一定体会得到，孩子真的没有可比性。有的孩子就是优秀，让人省心；有的孩子就是让人操心。有的家长就是智慧，有的家长就是无能。我觉得我已走到了最困难的时期，他爸爸说无脸来见儿子的老师，而我却无法不面对。真希望您能借我一点力量，让我渡过这最困难的时期。”

收阅来信后，我即与她进行了当面交流。原来，这位妈妈的这番心里话是在她孩子的学习成绩难以如愿、达不到他们预期目标的情况下写下的。我在充分理解她的焦虑的基础上，边聊边重点圈出了她信中“没有可比性”五个字，跟她介绍了自己女儿成长过程中也曾碰到的困惑，我当时焦虑的心情，为了女儿调来杭州的历程；帮助她找到了她儿子优秀的方面；

帮她调整了对孩子学习成绩的期望值。这一个小时的谈话后，她明确了孩子培养的方向和眼前应着手做的几件事，顿感如释重负。

我相信，没有一位家长不希望自己的孩子是最优秀的。"最优秀"有两个含义：一是孩子能成为自己所在的群体中最好的那一个，这个"最优秀"只有一个；二是孩子在先天条件的基础上，最大限度地发挥潜能，发展到最佳的水平，成为"最优秀的自己"，大部分孩子属于这一类。

引导孩子成为最优秀的自己，您需要做些什么呢？

一、需要您按多元智能理论给孩子把把脉，找到孩子的优势所在

宋人卢梅坡有诗云："梅须逊雪三分白，雪却输梅一段香。"每个孩子也与诗中的"雪"、"梅"一样，有自己的长处，也有自己的不足。世界著名心理学家霍华德·加德纳(Gardner)的多元智能理论告诉我们：人类的智能可以分为语言、数理逻辑、空间、运动、音乐、人际、内省、自然探索、存在等九个范畴，每个孩子一般只是某一、两个方面的智能特别突出。

据此，您可根据孩子的兴趣爱好、小学以来各方面的发展情况，向老师了解孩子的潜质，也可向专

业机构咨询，找到孩子在哪方面拥有较好的天赋和出色的才能，给孩子"把把脉、定定位"，在尽最大可能保持学科平衡的同时，做到扬长避短地学习。

当孩子在您和老师的共同帮助下，通过最大努力，整体学习成绩还是赶不上其他同学，或者某个方面不如他人时，请您不要随便批评他（她）、否定他（她），更不要唉声叹气地说："我真想不明白，你怎么就这么笨，学习成绩会这么差呢？"而要引导孩子不要因为一时一处的失败，产生"我不行的，我不如别人"的心理暗示。您要为孩子优势智能的挖掘搭建平台，如请运动、舞蹈、科技的专业老师，引导其发挥优势，在某一方面取得骄人的成绩，让其体验到在文化课学习中体验不到的成就感，从而增强他（她）的自信心，进而在文化课学习中树立"我不放弃、我一定尽力跟上"的信念。

海阔凭鱼跃，天高任鸟飞，路宽任车行。如果您的心境宽了，孩子可走的路就广了。孩子可走的路广了，他（她）就会在行走的过程中，找到自己的特长，孩子在属于自己的路上就会越走越顺。无论孩子在某一优势项目上体验到成就感后，以点带面，在文化课上寻求更好的发展，还是孩子在自己擅长的领域，走自己的

路，最重要的是您和孩子始终要不灰心、不放弃，保持自信的状态。

二、需要您不断强化孩子的优点，淡化孩子的弱点

如果您的孩子学习成绩名列前茅，还担任班干部、获奖多多……建议您在欢喜之余，关注两件事：一方面，让其保持各方面都优秀状态的前提下，强化一两个最优项目。多元智能理论已经揭示了这一点，教育的追踪研究也发现了“第十名现象”——即上学时学习成绩在班级第十名左右的孩子，将来在社会上的成绩往往最大。这可能与前几名的孩子各方面都过分强调平衡、完美有关。若您能有意识地强化这一两个项目，使之进一步凸显张扬，就有利于孩子日后从优秀走向卓越。另一方面，适时让在表扬声中长大的他（她）经受点挫折，这也是十分必要的。

如果您的孩子学习成绩一般，您要善于把他（她）的其他优点尽可能放大。在孩子在场的时候，在亲戚朋友面前，在老师同学面前，多说他（她）好的方面，如听到原先不太肯与人打招呼的他（她），很有礼貌地叫了一声“伯伯好、阿姨好”的时候，您在内心感到很开心，然后可以很自然地在他人面前表扬他（她）读中学后情

商提高了，很懂礼貌，遇人总能很热情地打招呼。在客人的赞扬声中，孩子在这方面会做得越来越好，这一行为会逐渐成为孩子发自内心的自觉行为。

如果您的孩子某一方面不尽如人意，您要避免经常提及他（她）的缺点和不足。比如在分析孩子的试卷时，说："哎呀，又是因粗心失分。你就是这毛病，怎么老是改不了呢。"这样，孩子会觉得："反正我就是粗心的人。"又如：其他人问孩子的学习成绩时，您如果抢在前面说"其他还好，就是语文差"——他（她）就会把语文作业总是放在最后面做；您如果说"不知道怎么回事，科学已经花了很多时间了，但还总是科学拉后腿"——他（她）会一提到科学就伸舌头或把头缩进；您如果说"这孩子英语单词老是记不住，前一天晚上我都给他（她）听写过了，到第二天老师听写时还是不及格"——他（她）会认为单词反正记不住，背了也白背，于是索性就不背了。弱点强化多了，孩子会觉得"反正我在这方面不行的"，因而丧失了努力的动力，使弱点更弱。

建议您采用这样的方法：每次分析试卷时，都具体化地找出失分点和错因，如题目的哪一个已知条件没有看清楚，计算过程中是因为哪一步抄错了，还是担心时间不够，慌慌张张忘记除以2，就把答案写下来了，不要笼统地说谁都会说，但对解决实际问题没有任何帮助的话，比如"学习方法不对啊"、"上课没有听懂啊"、"状态不佳啊"等等。说其他方面的问题也要讲究三个字：具体化。

三、需要您为孩子找一个合适的比较对象

人是群居动物，人的烦恼大都来自比较。有一幅"小仙Miko"创作的漫画《别人家的孩子》引发无数网友共鸣，说明"别人家的小孩"已成为公敌。当您跟孩子说别人家的孩子多么好的时候，孩子可能会想或会说："既然别人家的孩子那么好，那就让他做你的孩子呗"。将心比心，回想一下，您小时候是否也有过类似的经历和想法？

我认为，一个人要完全做到不和他人比较，是不现实的。比较本身没有错，关键是您要找到一个合适的比较对象，找到孩子可以向比较对象学习的闪光点。

您在谈起别人家孩子的种种优点时，一般不会是不喜欢自己的孩子，而是恨铁不成钢，本意是想把别人家的孩子作为一个榜样，或作为一个竞争对象刺激一下自己的孩子。您一要注意您选的比较对象和孩子的程度要比较接近；二要能说出比较对象具体的优点，以便孩子学习、借鉴。如"我看我们小区的某某上学期每天晚上8点多都在老妈的隔间下跳绳，原本跳绳只能考6分的她，中考时得了10分呢。明天晚上开始我们也一起去跳绳，好吗？""这次家长会上，老师说你们班的某某这学期来听课的眼神特别专注，总是牢牢地跟着老师，所以他的学习效率大幅度提高，成绩进步很快。上学期末你和他的成绩不分上下的，我看今后追赶他，就从学他上课专心听讲开始。相信你一定能跟紧甚至超过他的。"

对基础好、潜力大的孩子来说，通常的规律是遇强则强、遇弱则弱。所以您要和他（她）一起确定合适的比较对象，促进其变得更强、更优秀，要避免成为"温水里的青蛙"。

基础比较弱的孩子，最怕您简单地将他（她）与那些永远无法追赶上的人比较，那样会让他（她）越比越差，因为您把孩子内心最珍贵的东西——信心比少了、比没了，他（她）势必就提不起精神继续拼搏了。

四、您无需无所不能无所不包

请看两位妈妈的故事。A妈妈自己生病了，还硬撑着给孩子做饭，她总认为孩子什么都不会。而孩子一边玩游戏，一边抱怨妈妈做的饭不好吃。而同样是生病了，B妈妈则明确告诉孩子，今天她发烧，孩子需自己做饭，还得烧水给她服药。结果孩子不但自己做了饭菜，还跑前跑后地照顾妈妈。

在现实生活中，您可能是"强人""牛人"，但如果在孩子面前，您显示出自己无所不能，把孩子的事都包办了，就会使孩子没有机会享受到自己做事带来的成就感和愉悦。像A妈妈一样，10分的事情您全包了，孩子就失去了锻炼和成长的机会，也感受不到应担当的责任。如果您做7分，孩子就会做3分；如果您只做3分，孩子常常也能完成另外的7分！您"懒"三分，孩子就会"强"七分呢！

许多时候，您可适当放些"权"给孩子，他（她）反而会很高兴。特别是青春期的孩子的重要心理特征是有"成人感"。碰到问题时，您可以把自己当成一个"不懂、不会"的人，而把孩子当回事，那么他（她）会越来越把自己当回事，会有强烈的责任感，会自己主动动脑筋、想办法，努力把问题解决得让您很满意。如装修房子时，您可与孩子讨论家具选什么颜色，问他（她）什么电器性价比高，什么牌子的地板比较环保等。您在孩子面前表现得"无能"一点，孩子就会在您面前表现得能干一些。我在家庭教育中常使用这一招，效果很不错！

更有意思的还有：有一次我请家长分享家庭教育经验时，一位家长说她常在孩子面前"撒娇"。如暑期下班回家时，请儿子端杯水上来；孩子吃苹果时，会向他要一半来吃；自己生日时，提醒儿子送一点生日礼物。有时在孩子面前，她表现出自己很"无能、无助"，让他有机会做力所能及的事。一年下来，孩子逐渐克服了自我为中心的不良心理、懒惰的习惯，变得会主动关心别人，也越来越有责任心。她对在场的家长们说："放手让孩子去做，你们会发现孩子真的很能干！"

五、您无需操之过急、急于求成

有位老师在去年期末考试前给家长发了这样一条短信："当你这周或下周看到孩子的成绩时，无论成绩好坏，请想想：每个孩子都是一颗花的种子，只不过每个人的花期不同。有的花，一开始就会很灿烂地绽放，有的花，需要漫长的等待。不要看着别人怒放了，自己的那颗还没动静就着急。相信是花，都有自己的花期。细心地呵护自己的花，慢慢地看着他（她）长大，陪着他（她）沐浴阳光、经受风雨，这何尝不是一种幸福。也许你的种子永远不会开花，因为他是参天大树！

当孩子暂时未能如您所愿时，请您细细品读这段话，想必会有启发。

每个孩子成熟、懂事的时间是不一样的。有的孩子在初二，有的要到高二甚至更晚。每个孩子彰显的"出息"也是具有个性色彩的，有的在学习成绩上，有的在动手操作上，有的在组织管理能力上，有的在书画艺术领域……孩子的整个成长过程需要等待，无论是学习、生活能力的提高，还是身体、心理的发育，或是思想、情感的成熟都需要时间，无需"迫不及待"。一旦瓜熟蒂落，到了那个时机、那个"点"，也许一切都是水到渠成的事。孩子突然间懂事了、开窍了，是一个量变到质变的过程，到那时，孩子也就一下子成人成才了。

亲爱的家长，我知道，有许多事情是 Easier said than done.（说说容易做做难）当您的孩子成绩欠佳，表现不够理想时，就像信的开头的那位当老师的妈妈一样，"伤心总是难免的"，谁碰上都会着急。

但是，静下心来想想，孩子总是有差异的。真正的差距出现时，只要您和孩子尽心尽力去追赶弥补了，就无怨无悔。从另外一个角度考虑，孩子的人生之旅并非只有读书一条路，只要孩子身体健康、思想品行端正、心理阳光自信，孩子照样会有出息，他（她）未来的日子同样会幸福甜蜜，您说对吗？

此时，室外大雪纷飞，校园银装素裹，预示着一个丰收年的到来；室内温暖如春，我正享受着用心、用文字与您畅说心里话的快乐和幸福。真的很美！

发自内心地祝愿

您的孩子成为最优秀的他（她）自己！

阿瀋校长 志平

2014年2月18日

附录一 选文推荐

1 阿潘，我们的"功夫校长"

杭州市公益中学学生 竺叶澍 喻振伦

话说当年《功夫熊猫 2》在杭城各大电影院争相上映，那憨厚却身怀绝技的熊猫阿宝不但展现了它强大的吸金能力，更成了人见人爱的"偶像"。我校也有这样一位"熊猫大侠"：胖胖的身躯、圆圆的脸，一丝可爱的微笑，一身笔挺的西装，一双锃亮的皮鞋，经常在校园里忙忙碌碌地走来走去。他是谁呀？他就是我们公益中学人气最高，走到哪儿都能收获一片欢呼声的"校宝"——潘志平校长。

都说人生如一场电影，那一幕幕场景构成了动人的世界。属于潘校长的镜头更是绚丽多姿，请看：

镜头一·影随时动

清晨，当第一缕阳光洒进校园，就看见潘校长站在校门口向同学和老师致意，那纯朴的笑意，让人心里荡起温暖的涟漪。早读时分，只见他手拿点名册，踩着与他胖乎乎的身躯并不相配的"凌波微步"疾行在走廊上，刹那间，影随时动，各个教室的情况他了然于胸。平时，有英语老师请假，他就匆忙跑过来顶课，笑容可掬地细心讲解，同学们也没觉得拘谨，该笑时笑，该争辩时就争辩，一点也不"做筋做骨"。午餐时分，又见他手捧饭盘与同学们一起进餐，还不时地向同学们询问食堂的伙食情况以及需要改进之处。总之，他的身影在校园各处随时可见。

镜头二·雪地飞侠

今年一月份的雪可真大，那越积越厚的白雪给我们提供了打雪仗的良好条件。一下课，我们就拥到操场上扔雪球。霎时，硝烟四起，雪球四下飞舞。近处的灌木丛中有一个人影在观望前方：一群男生正在“轰炸”一位女生，这时人影出手了，如“六脉神剑”般迅雷不及掩耳，几道“剑气”一发，纷纷命中那几位男生。怎料不久就被人识破，一位男生大吼“是校长”。接着便是纷至沓来的雪球，校长边左抵右挡，边团起新雪球奋力回击。奈何对方人多势众，校长胖嘟嘟的身材又容易被命中，就是刚才被救的女生见状也加入了“打校长”的行列。哈，太好玩了！几位老师前来救驾，却难敌同学们的枪林弹雨，在险象迭生的危急时刻，上课铃适时响起，同学们即刻放下手中的雪弹，四下奔跑，跑向各自的教室，而我们的校长大侠则已浑身挂满雪花，得意地在雪地里笑。

镜头三·夺声先锋

每年元旦，热热闹闹的公益大舞台都会准时上演精彩节目。顺应时下流行的“我爱记歌词”，老师队与同学队开始了 PK。同学们跑得快，流行歌也听得多，分数自然也大大超过了老师们组成的队伍。看着对手的分数不断上升，功夫校长自然不甘心。看！这次的机会又落在了学生的手里，我们的校长却“当机立断”，一个箭步，抢下了正在唱歌的女生手中的话筒，和她一起唱响了接下去的歌词。几乎所有在场的人都惊呆了，没人想到校长会如此“赖皮”，继而台下一片哄闹。结果是“夺声先锋”因违规而被扣了分，接着他被灰溜溜地赶回了原先的队列中。看来功夫校长的“磁铁大功”尚欠火候。

镜头四·易容大师

校长的“磁铁大功”虽尚欠火候，但他的易容之术可是到了炉火纯青、天衣无缝的境地。在又一年的公益大舞台上，功夫校长的装扮可谓是“惊艳”之极。表演开始了：先是一群女教师手拿团扇，身穿绿色的唐装在悠扬的音乐声中姗姗入场，恍惚间把我们带回了一千多年前的唐朝，紧接着是身着白衣的书生袁老师和穿着紫色官服的徐老师上台献唱。在歌声中，在翩翩的舞姿里，我们隐约看到了有一抹亮丽的色彩在绿衣群中闪动。突然间，歌声高亢直冲云霄，同学们纷纷站起来涌向舞台，我费了好大的劲才发现，啊，原来是我们的阿潘校长。他头戴凤冠，身着粉红色的宫装，以赫赫有名的杨贵妃的造型闪亮登场。刹那间，掌声雷动，欢笑声、惊呼声似乎要淹没整个大舞台，看来阿潘校长的易容术可以与“阿朱”相媲美了。

镜头五·匡正之士

既然是“侠”，自然与“正气”紧密相关，别看我们的阿潘校长长得面善，处理违规事件却毫不手软，他是一位原则性极强的校长。当然，阿潘校长绝不以势压人，他总是以理服人，口才又极好。学校里因犯错而被处理的学生，最后不仅他们心服口服，而且他们的家长也心悦诚服。阿潘校长又是位事必躬亲之人，在他的影响下，公益中学所有的老师都劳力劳心、极其负责。就拿保送生来说吧，不少学校的保送生一经被证实录取后就可以回家了。但我们公益中学在校长的指示下，不仅给保送生单独设班、配备班主任，而且作息制度也跟中考生一样，在班规上也保持一致：如每天必须穿校服；不准带 MP3、MP4、手机等电子产品到学校；不准下棋、打牌等等。在阿潘校长的言传身教下，公益中学的老师对自己的学生可谓用心至极。

镜头六·爱心天使

“多情剑客无情剑”，真正怀有绝世神功的侠客心中肯定有爱，我们的潘大侠自然也不例外。公益中学每年年末都有爱心义卖，所得的善款悉数资助校外的贫困生。这不，每次到了拍卖会的尾声，功夫校长总会拿着一个箩筐来淘货。同学们似乎没有给这位大客户打折的意思，反而纷纷来推销那些价高质次的货物，更有同学吆喝：“快来快来，校长收货，大家快把不要的东西塞进筐去。”“海纳百川”的校长就只好掏出钱包一一买下。一圈下来，筐就满了，那些“滞销商品”也被校长扫清了，同学们欢天喜地地把桌椅扛回教室，校长则捧着大箩筐乐呵呵地朝办公室走去。

镜头七·神秘大厨

闻着一股扑鼻而来的香味，这香味中夹杂着葱香、菇香还有校长手艺的芳香，我拿起勺子，满满地舀起一勺，倒在饭中，再用勺子把它搅拌，送入口中：有蘑菇的嚼劲，一丝一丝嚼；有肉丝的酥嫩，大口大口咬；有豆腐的松软，小口小口吞，还有……这可是阿潘校长亲自下厨做的哦！再定眼一看阿潘，只见他身穿厨师服，头戴厨师帽，就好像“神厨”。以前的汤和这比起来，就显得有点儿清汤寡水了。喝着“阿潘羹”，我就像吃到了山珍海味一般，一口气喝下了足足五碗！要不是肚皮容量不争气，我肯定会喝更多，五碗实在有点儿不过瘾啊。许多同学喝完后还想再来一碗，无奈早已被大家抢光啦！

永远把“学做人”放在首位的潘校长，培养了我们热忱真诚、积极进取、遵纪守法、宽容仁爱的品性，点燃了我们求真、求美、求善的火焰，公益的学生将来必定是社会的栋梁之材，“功夫校长”名不虚传。

2 我们都不是神的孩子

林丽渊

高三生活夹杂着很多的味道，让每一个认真走过的人无法在回首时说出其中的情感。一个个相似却不相同的日子在我现在的脑海里已经成为回忆：空气中恒久飘浮着的粉笔屑，擦了又写写了又擦不停更换的板书，班主任用来“指点江山，激扬文字”的“神棍”，数学课上一道题目讲了无数遍我们还没弄懂时老师恨铁不成钢的郁闷表情……我和我的同学抱着或大或小但都很遥远的梦想，每天近乎麻木地努力做一个称职的、没有一丁点歪思邪念的高三生。值得庆幸的是在那些一无所有的日子，我们永不放弃的梦想照亮了在路上的我们。

每个人都有歇斯底里的本源

从初中开始，我的梦，就是上复旦大学。高三了，我似乎感觉伸出双手就可以碰到我的梦想。每天无数次地被灌输高考这个概念，除了背水一战，我别无选择。我在床头的小柜子上刻了几个大字——杀进复旦！到现在我还记得那时的我“杀气腾腾、信誓旦旦”的样子。我每天老老实实、安安静静地过着同样的生活，心如止水。旅游、网上疯狂购物、八卦……都被我忍痛抛弃了，长达7年的Q龄也戛然而止。我真的不是一个能一边娱乐一边学习的人，厌倦总是有的，偶尔也为自己的小成功沾沾自喜。我对梦想的疯狂在初入高三时达到了极限，所有的一切都在高考来临之际幻化成自己早已认定的那个大学梦，梦想的动力强大得让我踌躇满志、跃跃欲试。

从老师公布高考复习计划进度表开始，我就拿出全新的本子开始记录我的高三。在第一页上，只有一句话：复旦，等着我！第二页，也只有一行字：我的高考目标——650 分以上。第三页，是一段话："我知道，一切都会有的。我会拥有大考小考的失败，但永远不会放弃努力与希望。环境只能影响我，不能决定我的未来。决定我未来的只有我自己。踏踏实实做好手边的事，努力让梦想变成现实。"这三页，一直默默地支撑着我整个高三生活。就如我的高中老师说的："飞不飞得出这漫漫大山，就看这次高考了。"我的中学是一所县城中学，跟其他的重点高中比起来，实在是太不起眼了。有时候我在想，这真是个被遗忘了的世界。学校里没有很好的硬件，更没有令人羡慕的软件，自主招生、保送生这种"优惠待遇"，我们都没有。对于每一个有"山外梦想"的孩子来说，有的只是短短的、宝贵的那两天高考。也是从选择高考的那一刻起，许多同学和我一样在心中默念着"必须赢下这场战役"，因为我们知道我们输不起。

高三上学期，10 月份，第一次月考来临，也是从那一刻起，我开始感到高考的真实。国庆放假的几天，我一天也不敢迈出家门。从祖国生日那天起，一直到 4 天后假期结束，我每天早上 7 点起床，一直做作业到凌晨 1 点，其中的吃饭和午休都在书桌上完成。我闷在家里拼命学习，睁开眼想到的第一件事，就是怎么做好头天晚上没完成的数学题，累了就幻想着拿到复旦大学录取通知书的情景。我真的那样癫狂地甘愿做一个最老实的学生。后来我才知道，每个人都有歇斯底里的本源。

做个会思考的书呆子又何妨

月考过后，学校的宣传栏热闹起来，上面写着许多与高三学生相关的榜单和通知，我突然觉得我的高二已经走远了，远得我看不到一点曾经的影子。我站在那里发愣，明白了自己贴在书桌上的那句话不再有故作姿态的意味。高三，不是要求你做到在生活中学习，也不是要让学习渗透到生活中去，而是要你在任何时候都不能忘记学习，尽量让自己在每一个时间段里都有所得，所得的一定要有利于高考。“为了高考，做个会思考的书呆子又何妨？”我想着。每天的日子在不停地重复，简单而充实，略显乏味，但是没有关系，我愿意，一切都值得！

早晨，爬到学校5楼的教室时我气喘吁吁、睡眼蒙眬，困了我就扯我同桌问问题：“把唐朝的文化史介绍一下……”或者面对成堆发下来的还飘着油墨味的复习资料，有点神经质地发牢骚：“最近纸张是不是又降价了，以至于学校毫不吝啬地发了这么多？”随后，在座位上跷着腿，忘乎所以地抱着书捏着笔拼命地背历史，分朝代和专题背，背到连书都想扔出窗外；中午吃饭，嘴里塞满了饭的同时翻看着下一步的学习任务，把自己想得比国家总理还忙；放学后在操场上慢跑，还逼自己边跑边背古文；晚上做一大堆数学题，像许多文章里描述的那样，旁边放着一杯咖啡……这是我的一天，我不知道这样的一天会不会让别人很“鄙视”或觉得太夸张了，受不了，但我真的是这么过来的。我是一个寻常的高三生，深陷在高三里，只知道机械地吃着饭、做着题、上着课，平静得如同家乡的小城，永远都不会有什么大事发生。

苦，从来不会白吃

临近高考的那段时间，各种各样、品种繁多的试卷如约而至，轮番轰炸。月考已经不算什么了，每周一大考，三天一小考，这还只是学校的硬性规定，各科老师还商量着什么时候时机对头了，再来和同学们用试卷“交流交流以保持战斗力”。从高三下学期开始我们年级的课程表全面改版，两节课连着上绝对属于正常情况。我们每天都会交上无数张写得密密麻麻的试卷，也会收获无数张批了鲜红分数的试卷。分数，这个具有强烈刺激性又很“值钱”的家伙，在那年的秋天，它的威力足以让包括我在内的所有高三生恐惧不已，既爱又恨。虽然我早已是身经百战，可遇到考试我还是担心考不出好成绩。百炼没有成钢的郁闷笼罩着每一次将要到来的考试：感觉自己为数学付出了无数个白天和黑夜，却没有得到期望中的红苹果。文科综合也是刺痛我神经的一科，4分一道的选择题，十几分一道的简答题，稍微一疏忽就眼睁睁地看着分数没了,像错过一场华丽的邂逅,最终一无所获。可即使这样,我依旧每天嚷嚷着要考复旦,依旧每天拿着繁多的试卷仔细地做着,因为我的选择是没得选择,所以我一直学啊学……

我的学习计划非常周密,一般月考前两个星期,我都会抽出一天时间,把这两个星期每天的日程都排满,然后一步步循序渐进地复习。每天的任务都会很重。月考前的那两个星期是我最累的时候,因此每次月考后我都会犒劳自己一下,不管考得好坏,只要我尽了最大的努力。我一直奉行着“苦,从来不会白吃”的原则。我是个超级购物迷,饰品店是我的最爱,越是考不好,我就越喜欢把自己打扮得漂漂亮亮的,让自己拥有美丽的心情,然后躲进小房间里用塔罗牌和自己游戏,玩到我满意为止,那是一件总是让我充满期待与惊奇的事情。这也许算是我高考前无趣生活中最好的点缀。生活总得有点希望,比如你在拼命学习的时候,潜意识里要告诉自己,过了这个坎儿,会有一件很美好的事情等着你,这样效率就会很高,再难熬的分分秒秒你也会觉得是值得的。高考前15天的一个早晨,我很安静地端详着钻进窗缝的那一缕阳光,那么柔和却又充满力量地照在我铺开的书上。我知道,剩下的那些天,我必须坚持一心一意地努力。我如往常一样地度过了高三生活中最后的那段时光,没有特别的释放和最后的狂欢,心好像沉在某个寂静之处,不知道哪来的镇静和风轻云淡。

未来的成功与每个人都是等距离的

高考的前一天,我提前去看考场。我去得很早,走进那个考场时,一个人也没有。我循着序号坐到了我的位置上,环顾着空荡荡的教室和一字排开的桌子,心里问自己:明天我就会在这个地方了,我能从这儿拿到去复旦的通行证吗?转头望见过道上挂着的“积极准备,坦然面对”的大红色横幅,我想,或许就是仅此而已吧。两天的高考过得很平常,除了考英语时小睡了15分钟。我35分钟完成了语文作文,25分钟答完了数学的选择题和填空题。真正考完走出考场的那一刻,面对老师,我说的第一句话是:“我把试卷都填满了,除了数学的最后那道题,

我很满足。”往家走的时候，我心中藏着对自己说的话：高考，无论好坏，我都坦然接受，我真的尽力了。考完的第二天我就对了答案，估了分数。按照往年的录取情况，以我的分数能上复旦了，我似乎已掂量出那份通知书的重量。我兴奋了很久，所有对未来的期待和担忧都在我幻想着通知书大驾光临时成为我狂喜的碎片。后来知道自己成了状元，高兴了一阵子，但我真的没有狂喜，虽然我也曾想得到那个名号。随后我去南宁参加招生咨询会，面对着“状元”的身份，老师和爸妈的脑子里全是“北大北大”，一时间我也变得茫然失措了，终于放弃了我最初的梦想——复旦，选择了北大。北大的魅力对于每个高三学生来说都是不可抗拒的。咨询会那天，我特意去复旦大学的展位看了很久，然后转身默默地离开……

高考后我整理了一年来用过的各种复习资料。学校印发的各科试卷拥挤着占了半个书架，还有我自己去书店买的套题：语文 83 套，英语 52 套，数学 65 套，文科综合 95 套。除了文科综合的简答题没有全部做完，其他试卷和套题上我都用红、蓝、黑三种颜色的笔记了很多笔记及注意事项。4 本数学参考书，我从头到尾看了 5 遍，每一本上都写着我的心情和日期；英语的专项练习，阅读做了 2 个大本，完形填空 3 本，语法及其他单项训练 4 本；历史课本 5 本，背了七八次；地理的地图，被我剪贴了满满一大本……翻弄着一套套试卷和有些凌乱破碎的纸，不知道为什么，我的脑子里一片空白。

阳光透过窗户照进来，白花花地晃着我的眼睛，我只想躺在书堆里睡觉，把一切都忘了……别人总觉得我一直都是那么优秀和一帆风顺，其实只有我知道自己的生活是怎样的。虽然我一点都不觉得痛苦，但辛酸还是包裹住我的身体，包裹住那个阳光灿烂的日子里想哭的我。想起每个晚自习时，看着忽明忽暗的教室外面的那条小巷，等着妈妈接我回家；想起在数学遭遇瓶颈时，把自己关进房间里整整两天都没去学校，面对着墙壁发呆、六神无主的崩溃样子，我一次次告诉自己这是上帝的巧妙安排，他让我在高考前吃尽了苦头，这样我才会在高考中顺利过关。我也一次次从彷徨和迷茫中走了过来，因为我一直相信，我的未来不是梦，未来的成功与每个人都是等距离的。从来只有拼出来的美丽，没有等出来的辉煌。

我们都不是神的孩子

一颗心是绝对不会因为追求梦想而受伤的。为学之路的失落与得意、清晰与迷茫，最重要的在于你拥有一个怎样的心境。努力中会有失败，会有失去勇气的时候，但我必须努力，我正在努力，我需要坚强，需要沉默，需要意志。一切都只是过程，成功与快乐才是终点。生活可以是无趣的，但自己一定要快乐。我们都不是神的孩子，我们只是有梦想的孩子。

3 寒门学子偷偷跳级上清华

——湖南省常宁市梁鑫的故事

湖南省常宁市传出了一个新闻：靠父母捡破烂、卖烧饼筹集学费的中学生梁鑫以优异的成绩考取了清华大学。更令人震惊的是：这位寒门学子为了给父母减轻负担，竟瞒着父母跳级，只读了两年高中。

梁鑫的父亲原是一名工资很低的普通工人，母亲是个农民，爷爷奶奶年纪大了，身体又不太好，一家五口，日子过得紧巴巴的。后来父亲下岗了，一家人就靠一亩多薄田过日子，生活越来越困难。

到了上学年龄的小梁鑫，每当看到同龄孩子背着书包去上学，心里就痒痒的，有几次，他竟然跑到学校教室窗外听老师讲课……

父亲为了不让贫穷毁了孩子，挑着箩筐去拾破烂，吆喝着走村串户，早出晚归。8岁的梁鑫上学读书了，他十分珍惜这来之不易的学习机会，学习不要父母督促。每学期初，他都根据自己学习的课程排个学习时间表。他课外学习时间不多，但每天都会按部就班，即使没有作业，也要看看书，做习题，就像一日三餐一样有规律。

他的父母非常信任他，从来不给他施加压力。尽管家里经济困难，父母在孩子面前总显得很乐观，很开心，给孩子经常讲的一句话就是："努力读书，长大了有出息，就不会再过苦日子了。"

梁鑫没有让父母失望，他的成绩一直名列全校前茅，每学期无论期中、期末考试，还是各种大小赛事，只要学校发奖，准会有他的名字。

梁鑫上初中以后，学费渐渐高起来。父母没日没夜操劳，省吃俭用。一天夫妻俩发现捉蛇能赚钱，一起上山，结果蛇没捉到，父亲反而被蛇咬了一口，险些丢了命。这件事对梁鑫触动很大，他暗暗下决心，要替父母节省学费。

他见学校门口卖小吃能挣钱，便要爸爸妈妈到校门口去烙烧饼卖。然而，没几天麻烦就来了，许多同学都知道他们是梁鑫的父母。一些同学还嘲笑梁鑫的爸爸是“武大郎”。梁鑫听到后主动劝父母：“卖烧饼有啥不好？没偷没抢，靠自己劳动挣钱，让别人去说吧！”有时父母生意忙，他还抽空去帮忙。

由于基础扎实，他轻松地完成了高一学习任务，并利用双休日和课余时间自学高二的课程，悄悄地为跳级“攻关”。秋季开学时，他瞒着父母把自己跳级的想法向高三的班主任讲了，老师认为他基础扎实，思维灵活敏捷，鼓励他大胆试试，结果成功了，他跳级进入了高三。有的同学嘲笑他“武大郎”的儿子想创造奇迹，这更增强了他努力学习的决心。英语课上，同学们对答如流，标准而流利的口语让他看到了差距，他便找英语老师开“小灶”。在学习和生活中，凡是能用英语讲的他都用英语讲，以此训练口语。经过一段时间的努力，他的英语口语水平很快就赶上了班上的同学。

在第一次月考中，他考出了全校第三名的好成绩。在后来的联考中，他均稳居全校前五名。

高考来临了，他沉着应对，终于以优异的成绩夺得常宁市的高考第一名。当清华大学那鲜红的录取通知书送到梁鑫家里时，他的父母和邻居都懵了：搞错了吧，而且还是清华大学？当梁鑫满面笑容说出真相后，村子里一下子沸腾了……

寒门学子考上清华的消息迅速在常宁传开了。常宁旅台同乡会奖学基金会给梁鑫捐助了2000元；深圳市某助学基金会慷慨解囊，资助梁鑫20000元。在助学基金捐赠仪式上，梁鑫泪如泉涌，他激动地说：“我是最幸福的寒门学子！”

4 孩子，我不欠你的

有个美国小孩问他爸爸："我们很有钱吗？"爸爸回答他："我有钱，你没有。"所以美国小孩从小就意识到要过上幸福的生活要靠自己努力。

有个中国小孩问他爸爸："我们很有钱吗？" 爸爸回答他："我家有很多钱，等我死了，这些将来都是你的了。"所以，中国富人小孩很多从小就被娇惯坏了，他们从小无所事事，却大把花钱，所以经常看到"富不过三代"。

看下面这则故事，我们可以更好地了解中西方在对待孩子教育问题上的差异。

去年暑假，一个中国朋友把自己13岁的儿子送到澳洲珀斯的朋友玛丽家，说要让儿子见见世面，请玛丽照顾一下，因此，玛丽就开始了她对一个未成年男孩的照顾。玛丽对他说："朋友，在澳洲一个月的暑期生活，你爸爸托我照顾你，但我要告诉你的是，我对照顾你的生活并不负有责任，因为我不欠你爸爸的，他也不欠我的，所以我们之间是平等的。你已经13岁了，基本生活能力都有了，所以从明天起，你要自己按时起床，我不负责叫你。起床后，你要自己做早餐，因为我要去上班，不可能替你做早餐。吃完后你得自己把盘子和碗清洗干净，因为我不负责替你洗碗，那不是我的责任。洗衣房在那里，你的衣服要自己去洗。另外，这里有一张城市地图和公共汽车的时间表，你自己决定要去哪里玩，我有时间可以带你去，但若没时间的话，你要弄清楚路线和车程，自己去玩。总之，你要尽量自己解决自己的生活问题。因为我有我自己的事情要做，希望你的到来不会给我增添麻烦。”

13 岁的小男孩眨着眼睛听完这位不太熟悉的朋友的话后，内心触动很大。因为在北京的家里，他的一切生活都由爸爸妈妈负责。

最后，当玛丽问他听明白了没有的时候，他说：“听明白了。”

是啊，这个阿姨说得没错，她不欠他爸爸的，更不欠他的，他已经 13 岁了，是个大孩子了，已经能做很多事了，包括自己做早餐，自己去喜欢的地方玩等等。

一个月之后，男孩回到了北京的家。家人惊讶地发现，这个孩子变了，变得什么都会做，他会管理自己的一切：起床后叠被子，吃饭后洗碗筷，会清扫屋子，会使用洗衣机，会按时睡觉，对人也变得有礼貌了……

男孩的爸爸妈妈对玛丽佩服得五体投地。问她：“你施了什么魔法？让我儿子一个月就长大懂事了？”

中国的父母普遍太宠爱甚至溺爱孩子了，只要自己有的，全都给了孩子，自己没有的，也总想把世上最好的一切提供给孩子，甚至恨不得帮孩子把下辈子也准备好，却忽视了孩子独立能力、生存能力的培养。溺爱，不是真爱！

希望年轻的中国父母，学会为社会活着，也为自己和家人活着，而不再像过去父母那样，只为孩子活着。孩子有他们自己的未来，要靠他们自己去寻找，自己去创造。或许他们自己创造的未来，比父母提供的更好。

5 一位母亲的醒悟

儿子,今天你又装作若无其事地暗示妈妈,说市中心的房价又在飙升,如果再不行动,或许以后你和女友连一间憩息的小屋都没有。我淡淡地看你一眼,终于没有像你希望的那样,说出“妈妈给你们买”这样的话来。而你,也尴尬地沉默着,随即气嘟嘟地放下碗筷,摔门出去。我从窗户里看着你远去的背影,瘦削,懒散,有一点任性,你还是赖在父母怀里,始终不肯独立。

可是,亲爱的儿子,你已经25岁了,有一份稳定的工作,有一个需要呵护的女友,还有两位日益老去,需要你照顾的父母,难道这些还不足以让你成熟,让你彻底地离开父母的羽翼,放弃啃老的念头,独自去承担一个成人应该承担的责任吗?

从小你就习惯有事找妈妈。你总是说“妈妈,我的衣服脏了,你帮我洗洗”、“妈妈,明天我们去郊游,你帮我收拾好要带的行李”、“妈妈,女友想吃老醋茄子,记得下班后给她做”。一直以来我也习惯了听你这样吩咐,总以为对你的每一点好,你自会记得,且在将来我们老去时,可以得到你细心的呵护和照料。而我和你的父亲,也节省下每一分钱,为你在银行开立了单独的账户,只为某一天,你拥有自己小家的时候,能取出那些钱来,给你一份切实的帮助。

可是如今我发现,这样牺牲自己,全力为你的方式,并没有培养出我们想要的那个懂得珍惜的孩子,反而培养出了一个羽翼退化、意志严重消磨的社会弃儿。我们越是爱你,纵容你对父母无休止的依赖和索取，你心底自私和懒惰越是无休止地滋长。

你5岁那年，要妈妈帮你整理满地的玩具；10岁的时候，看见同学脚上气派的皮鞋，你就哭闹着让我也去买；15岁时，你写情书给班里的女孩子，说“我妈妈认识很多人，谁要是欺负你，尽管告诉我”；20岁那年你读大学，每次打电话来总是抱怨食堂的饭菜如何糟糕。

如今，你每天回家来蹭饭，还时常带女友回来居住，我一边工作，一边还要为你们的一日三餐奔波劳累。这番忙碌，让我连一丝微笑都无法挤出。

我终于承认，这25年来我对你无节制的宠爱，是一个多么大的错误。

亲爱的孩子，我不得不残忍地告诉你，今天之前，你的生活与我息息相关，而你今后的道路，我将不再过问。也请你像那些自立自强的人那样，从父母的身边搬走，用自己的薪水租房去住。我会给你鼓励和勇气，可是我不会再给你金钱上的帮助。

孩子，妈妈很抱歉，不应该这样爱你。而你，也应该对你的所作所为感到愧疚。那么，就让我们彼此原谅，重新开始吧。

6 母亲绣出清明上河图

“儿子，读书一定要有毅力啊。”

“老妈，你别老是嘴上说啊，要不你绣幅《清明上河图》的十字绣出来，给我做个榜样？”

这段母子之间的对话，发生在 2008 年。对于大部分妈妈来说，也许和儿子这么说过就算了，但嘉兴秀洲区洪合镇的陆女士真的开始绣《清明上河图》了。这一绣，就是三年多。一幅图至少要绣几百万针，绣过十字绣的人都知道，这是个细活、慢活，一块小小的手帕都要绣将近一个月。手帕尚且如此，更何况这 6 米多长的“巨作”。2007 年，陆女士偶然间知道了十字绣，出于好玩，便学了起来。2008 年 8 月，有一天一家三口吃饭时，陆女士说起，十字绣里最难绣的就是这幅《清明上河图》，不但特别长，而且颜色非常复杂，“至少要绣好几百万针，而且还要不断换针换颜色”。没想到到了晚上，正在上初二的儿子居然用这个将了老妈一军。当时，陆女士看了儿子的学习成绩，有点着急，就去和儿子说，学习要有毅力，不要贪玩。儿子冷不丁蹦出一句话，让老妈绣《清明上河图》。陆女士一冲动，立刻和儿子打了个赌：“如果我绣出《清明上河图》，你就要考上重点大学！”“行！”儿子说。

每天至少“奋斗”三个小时

说做就做，这年 9 月，陆女士花了 2000 多元，托朋友买来了《清明上河图》的模板和各色丝线。“说实话，材料拿过来的时候，我也吓了一跳：装满了半米高的一个大箱子，光丝线就有 87 种颜色。”陆女士说。她做了个简单的规划，接下来白天上班，每天晚饭后 7 点左右开始绣，一直绣到晚上 10 点，每天一定要坚持三个小时，这样一来，大概五年内能把《清明上河图》绣好，等到那时，她儿子正好高考。陆女士说：“我当时想，我把十字绣绣好，儿子也考上大学，双喜临门，太完美了。”

其实，陆女士家里的生意做得挺大，她先生在当地的洪合镇上开了一家毛衫厂，作为老板娘，陆女士每天总要去厂里转转，处理点事情。可无论怎么忙、怎么累，只要不出差，她每天总会抽时间绣十字绣。

绣了一年多，有一次，陆女士儿子来和她商量：“妈妈，你别绣了，这样绣下去，伤眼睛，伤身体。”她说：“答应的事情，就要坚持。妈妈答应你了，就要绣完。你答应妈妈的，也要努力做到。”儿子一听妈妈这话，眼泪忍不住流了下来。

以身作则效果不错

连续绣了 40 个月之后，陆女士的《清明上河图》终于大功告成，她说：“绣完是今年 1 月 8 日，那天我足足高兴了好几个钟头。”如今，这幅十字绣正放在嘉兴市区的一家店里装裱，当地有家十字绣店的老板曾估过价，说可以卖到 25 万元左右。不过陆女士说：“别人给再多的钱都不卖，要装裱起来，放在家里，儿子看到就会记得，做任何事情都不能半途而废。”

其实，这次漫长的“以身作则”，早已有了效果。

最初约定的时候，陆女士的儿子还在上初中，显得很叛逆，她说：“我们说他几句，他会大发脾气；我们叫他早点做完作业，可他不到最后时刻是不会做的，再加上做事情总是有始无终，所以成绩总徘徊在全班中游。”如今，三年多过去了，陆女士的儿子已经上高二，因为爱好艺术，他最终选择读文科艺术类。陆女士说：“儿子考不考得上重点大学，并不是我的最终目标。让我高兴的是，儿子不但成绩提高了，而且最重要的是，他已经把不少坏习惯改掉了，做事情一定有始有终。”“就凭孩子多了这个好习惯，我苦干三年，也值得。”陆女士笑着对记者说。

7 孩子最想要的十种精神食粮

现在父母可以送给孩子的物质选择是越来越多了，但是孩子最想得到的东西并不只是物质，还需要：

第一件：爸爸妈妈的爱

这一件礼物对于很多家长来说是太简单的礼物，因为没有一个家长不爱自己的孩子。

可是，孩子们要的爱，不是家长们取代一切的疼爱，不是一切都百依百顺的溺爱，不是一切都以孩子为中心的宠爱，不是拼命搞智力投资的"关爱"。孩子们要家长把对孩子的爱表达出来，还要家长给他们完整的爱。

孩子临睡前父母给一个吻；孩子遇到困难时父母能轻拍他们肩头；孩子受了委屈时父母能给孩子一个温暖的怀抱；孩子回家时父母向他们问候，还有一句"爸爸妈妈很爱你"的表达。这是我们采访的数十名孩子表达的想要得到的父母爱的方式。还有一些孩子提出："爸爸妈妈为什么不能在一起，一起来爱我？"

专家建议：中国是一个讲究深沉、含蓄的国家，长辈都不愿意表达自己对孩子的爱，可是，孩子们需要家长把爱说出来、做出来。另一方面，这些年来一直都居高不下的离婚率又让很多孩子失去了完整的爱，家长应该创造机会让孩子能尽量享受到完整的爱。

第二件:请尊重我的个人形象

把孩子打扮成酷哥、靓妹都是现在的家长们很愿意做的一件事,至于孩子们是不是喜欢家长给他们设计的“包装”就不管了。有些家长总是爱用自己孩子的缺点去跟别人家孩子的优点比,有些父母总是在别人面前说自己孩子的不好,而不当众对孩子进行表扬。在我们的采访中,有 80%以上的孩子对家长的这些行为表示不满。孩子也重视自己的个人形象。

专家建议:给你的孩子适合他们年龄的打扮,让你的孩子独立地去从事一些事情,然后说一声:“做得好!”在外人面前,要如实地夸奖自己的孩子。

第三件:爸爸妈妈的尊重

有些家长把孩子的秘密当成笑话对别人讲;有些家长对孩子的一些良好行为通常不能给予适当而及时的称赞,而对孩子的错误,总是不分场合地过分指责和嘲笑。

专家建议:儿童的自尊心是通过父母对其尊重培养起来的。尊重意味着你必须将孩子看成是独一无二的“这一个”,要允许孩子发展自己的爱好和追求。要尊重孩子的个性,不要什么都替他做主,多对孩子伸出大拇指而不是食指。

第四件:爸爸妈妈给我当榜样

在孩子的整个成长期,都会模仿父母的行为,并以父母为楷模。

专家建议:家长应时刻提醒自己:孩子正在观察我们,我要十分注意自己的一举一动。总之,家长要做孩子的好榜样,并作为礼物送给孩子。

第五件:告诉我做人的道理

孩子成长的道路上,需要家长提供一些为人处世的规则,以使其懂得凡事不能为所欲为，以及自我约束的重要性。这些教育不能是生硬的。

专家建议：你所规定的一切一定要让孩子理解，而且一定要是正确的。

第六件：让我和爸爸妈妈一起玩

60%以上的孩子，和家长在一起做游戏的时间平均每天不到半小时，20%的孩子不到 15 分钟，还有近 20%的孩子经常一天之内都见不着家长。对于孩子们来说，再多的玩具，再好的保姆，再高档的幼儿园也代替不了爸爸妈妈。

专家建议：父母即使工作再忙再累，也要抽出时间来和孩子一起尽情地玩，要让孩子知道他在你心目中始终是第一位的。在玩的时候，你一定要投入而不是应付，要让孩子知道你非常乐意与他在一起。

第七件：给我一个小伙伴

孩子需要与同龄或略大的孩子玩耍，和伙伴在一起，孩子能学会妥协、同情和合作，还会掌握一些新技巧，激发兴趣和责任心等。可是，没有伙伴可能是现在城市里孩子最大的烦恼之一。

专家建议：家长可以把紧闭的房门打开，迎接孩子的伙伴，或是让孩子走到外边去结交更多的朋友。

第八件：和我一起养成好习惯

大部分孩子希望父母讲究卫生，热爱运动，做事投入而高效。

专家建议：保持你的好习惯。

第九件：给我一个可以达到的目标

孩子没有出生就开始学习，孩子刚睁开眼睛看世界就面临着学习的压力，孩子刚会说话就开始学阅读，孩子一天天地长大，目标也一个个地增多，学习的压力越来越大。所有的孩子都不希望家长拔苗助长。

他们说:“我们要的是学习的动力而不是压力。”

专家建议:对孩子来说,压力过大会影响他们学习的内在动力。学习的兴趣和动力来自家长的理解和合理的目标要求。

第十件:让我们一起笑起来

“我们的父母太严肃,太没有幽默感。”这也许是很多孩子觉得影视剧里的父母很出色的一个重要原因,影视剧中的父母往往喜欢和孩子一起欢笑。

专家建议:中国的传统使很多父母觉得,在孩子面前应该很严肃,这样才有威严,其实,爱笑的父母会让孩子看到生活轻松和愉快的一面,让孩子对生活充满信心。父母不要总是对孩子一本正经,笑声能让孩子更加热爱生活。

附录二　家长反馈

初一(6)班　朱凯笛家长　朱国伟

家校连心情深长，读思悟行正能量。公益薪火何曾熄，阿潘亲笔荡肺肠。

初一(7)班　徐昕杰家长　徐学伟

《家校连心桥》很好，是真心、真情、真爱的表达，特别是阿潘校长的亲笔信，见信如见人，他永远是乐呵呵、胸有成竹的，永远是大家的长者、朋友……

初一(1)班　沈雯丽家长　沈瑛

每次收到阿潘校长的亲笔信，我都很感动。我们家长常常会在教育孩子的问题上感到迷茫，不知该如何教育、引导孩子。而阿潘校长的亲笔信、家长学校讲座，就像一盏明灯，给我们指明了方向，我为有这样一位校长而感到庆幸。

初一(8)班　王都家长　杨树芬

读了"亲笔信"，全家齐争论。培养孩子的实际能力，从认识到方法，我都成了该重新学习、重新反思、重新定位的"学生"。说起来小事，做起来难事，想起来大事，我从"缺憾"、"空白"到茫然！这封用"心"送来的亲笔信，让我重新审视家长的作为：我做了什么？我真的该这么做、不该那么做，然，行动呢？

我们准备把信中的重要内容在家庭会议上讨论，边学边做，一件小事、一件小事地开始，让孩子、家长都受益！

初一(4)班　龚晓颖家长　楼亚芬

每期的《家校连心桥》、阿潘校长的亲笔信都让我们感受到“相亲相爱一家人”的温情，让我们感受到校长对孩子的关爱、对我们家长的悉心指导。在我们迷茫的时候，校长及时给我们指明方向。我们深深知道，孩子不仅要学业有成，更重要的是要成为一个有用、有感情、有思想的人。

初一(1)班　陈一鸣家长　陈坚

看了《家校连心桥》才知道儿子有这么好的校长。以前陪儿子看《窗边的小豆豆》，觉得国外的孩子真幸福，有那么敬业的校长，我却未曾遇到。现在，儿子也有了好校长，真欣慰。

初一(6)班　庄越家长　庄玉峰

每封信的内容都很有针对性，都是对传统教育观的再思考。看后，我们很受启发，经常深有同感。

初一(6)班　王正中家长　王维洪

从小学到初中，孩子在不断适应中成长，家长也在不断摸索中成熟。潘校长的亲笔信给我们深深的启迪，有些问题是我们原来有感想却感触没有那么深，有些似晴天霹雳，让我们心头一惊。原来，不知不觉中，我们忘了，我们错了，我们缺了……谢谢，谢谢潘校长的敬业精神、专业指导和大爱情怀，相信公益精神会发扬光大！

初一(1)班　方所语家长　姜桂军

阿潘校长的信是孩子们的心灵鸡汤，是家长们的行动指南。当我迷茫时，只要看到阿潘校长的信，心中就有了方向。

初二(2)班　沈宇彤家长　沈刚

每一次收到阿潘校长的亲笔信，我们都会在第一时间坐下来用心

学习。我们作为独生子女的家长没有教育经验的积累，而教育又不能搞“试验”，失败了从头再来。阿潘校长的亲笔信及相关教育资料就像及时雨，为我们带来了渴望的培育子女的理念和方法指导。

初二(1)班　王子轩家长　王圣茂

每次看潘校长的亲笔信都有新的收获。如何与青春期孩子沟通、如何应对期中考试、如何指导孩子度过小长假、如何指导孩子掌握生活技能等等，您总能及时、具体地给予我们指导。在您的指引下，我们学会了坦然面对孩子学习成绩的波动；面对孩子暂时的落后，也能保持淡定，极力营造和谐的亲子关系。

初二(5)班　韩轩家长　韩树根

每一期的《家校连心桥》确实倾注了校长的心血，每期《家校连心桥》我们基本都进行了收藏。这是孩子成长过程中很重要的心灵鸡汤，也是家长配合学校的宝典。从培养学生的自主学习能力，到学习习惯的培养、学习方法的指导，都是非常有针对性的。从每期的内容看得出校长对学生了解比较深、比较透。

初二(6)班　钟书奇家长　钟春辉

每当收到阿潘校长的亲笔信都有一种触动。孩子们每个时段的特点、问题及解决方法都一目了然，教孩子们怎样上进、怎样处理问题；教家长们如何面对、如何对待这一年龄段的子女。真心感谢有这样一位尽心尽责的好校长！作为家长，我们真的做得不到位，阿潘校长的叮咛敲打着我们的心，提醒我们和孩子充分沟通，孩子也能说出自己的心里话和想法。真的非常感谢阿潘校长！

初三(5)班　高夏可家长　高平

真心感谢阿潘校长对我们孩子教育的用心与坚守，每一次读《家校连心桥》都感触颇深，从中受益匪浅，也越来越感受到阿潘校长对教育工作的投入和热爱,身为一名家长自愧不如。我们为孩子有这样一位校长而高兴。潘校长写给家长的一封封亲笔信,仿佛在手把手地教我们与孩子一起成长。

初三(7)班　李子懿家长　李颖

每次拜读潘校长的亲笔信,内心都会受到一次震撼。亲笔信不仅让家长收获感悟,更是改变家长教育观念的一剂“良方”。感谢潘校长的良苦用心,我们会按照校长的建议,为孩子提供更多的实践机会。

初三(1)班　黄易家长　易红梅

校长的亲笔信是我们家长教育培养孩子的指路明灯,每次读亲笔信都很受用、很感动,敬佩之情油然而生。我们努力按照校长的建议来引导孩子,效果确实不错。

初三(4)班　朱彦熹家长　王春花

每次看潘校长写的亲笔信,都颇有收获。三年来,潘校长在每个阶段都适时提出应该关注的问题和相应的对策,真是我们孩子和家长共同的好老师。非常感谢潘校长三年来为我们孩子付出了这么多。

初三(6)班　李灵璐家长　汤宏

校长的每封亲笔信都有一个主题,每个主题都是我们家长关心、关注和期待得到正确指导的。亲笔信为我们指明了通向孩子健康成长的道路,让我们少走了许多弯路。感谢亲笔信,感谢潘校长。

初三(3)班　沈佳慧家长　沈建勇

已经快两年半了,拜读了潘校长的一封封亲笔信,从最初的惊喜、感动,慢慢变成了现在的等待、感恩。收藏着每一封亲笔信和资料,有时遇到困惑会拿来读一读。很庆幸,能遇见这样的校长。

初三(8)班　黄雨尘家长　黄岳杰(杭州师范大学教授)

三年前,孩子就读杭州公益中学。每隔一段时间,我都能收到一封字迹清秀、书写工整的亲笔信。有谈小、初衔接的,有谈家校沟通的,有谈考前准备的,有谈心理辅导的,有谈家庭教育理念的,还有谈感恩、信心、快乐、责任的。总之,初中生在家庭和学校可能遇到的困惑,几乎都有涉及。信的字里行间透出的教育理念,我个人非常认同。每次看完,总有所获。

这些信全是孩子们口中的"阿潘校长"亲笔所写,那些字也与他的形象相仿:活泼而不失方正,灵动又不逾规矩。在电子媒体的时代,我们已经习惯了电子邮件或者短信的交流,收到这样亲笔书写的文字,心中总会有一种特别的温暖。这不仅因为手写体的文字总要比印刷体的让人更感温情,更重要的是在每一次读信的时候,你可以感受到写信人对教育的执著、热爱和对家长、学生的良苦用心。人们已很少用费时费力的书信方式沟通了,更不要说一个每天忙于教学和管理事务的校长了。他可以有各种借口不做这样的事,但他坚持做了,而且一做就是十多年。

在很多人都变得越来越精明,精明到不肯做一点"多余的事"的今天,阿潘是一个特例。这个行为背后一定有一种他坚信不疑的信念做支撑,或者说,从这件事上可以推断他对教育的态度。其一,阿潘是个心怀理想的校长,这种与家长的对话方式,应该是他理想教育的一部分。其二,阿潘是个有持久热情的校长,一件在日常的观感中可有可无的事他能不厌其烦地坚持十多年,足见这背后的能量。其三,阿潘又是一个懂教育、能洞悉人心的校长,他知道人心的温柔所在,知道打开人心有时需要有一种朴素而真诚的方法。而这全部的动能一定是源于教育最重要的特质——爱。

教师是一种有光的职业,用理想、热情和爱凝聚起来的光,才能照亮人的心灵。凭着爱,我们才有真正的教育。

附录三 家长回信选

一

这是2007年10月，我给公益中学的家长发出第一封亲笔信后，家长给我的回信。《家校连心桥》一般包括“校长的亲笔信”和“家长读·思·悟·行”资料两部分。

收到第一期的《家校连心桥》有些意外，但更多的是惊喜。看到校长您如此诚恳地与我们这些家长交流，我可以说我放心把孩子交给你们。我衷心地说一句“谢谢您！”

随着孩子渐渐长大，我们越来越觉得力不从心了，孩子的功课越来越难了，有时想辅导她，却无能为力。但是，作为家长，我当然想把自己的子女教育成才，有时对她提出的一些要求，特别是学习上的，总会尽自己所能去办到，可孩子的成绩却提高不大。有时也比较苦恼，不知如何才能真正帮到孩子，采取怎样的方法才能快速地提高孩子的成绩。当然我也知道这必须慢慢来，希望您能给我些建议。因为孩子刚上初中，对于新的学校，新的学习环境还不够熟悉，小学培养的是孩子的学习习惯，而初中的学习可能关系到孩子的一生，所以我也很重视。以后有什么要求您尽管提，我一定配合好，因为我们有共同的目标，那就是把孩子教育好。

初二（四）班 杨钰蕊 同学 家长签名 赵文静

2007年10月5日

潘阅 10.8

二

这是2011年11月，家长收阅我的亲笔信等资料后，写来的回信。

拿到这一期的《家校连心桥》一口气连读了两遍，每次细细读来都像在上一堂心理教育课。这一期中对萧百佑的有些做法并不十分赞同。譬如不可喝可乐、不可随意打开冰箱门、夏天不可吹空调，这些传统的近乎苛刻的教育方式可以肯定会养成孩子循规蹈矩的品性，但也缺乏了孩子应有的活跃度和灵性。我个人的看法比较赞成适度的惩罚（偶尔体罚），没有规矩不成方圆。在人生十字路口，孩子的思想观、人生观还未成型，是非难辨的时候，家长应该为他掌舵引航。太宽松了孩子容易沾染恶习，父母就应该严格地管教，可制止其不良行为的发展，但并不等于可不尊重他们，甚至经常性地打骂，尤其对个性很强、精力旺盛、又不宜受人指使的孩子更不能如此，只有尽量对孩子的良好行为进行夸奖，他才会顺着家长期望的方向发展。

初二（8）班 高□帆 同学 家长（签名）黄□
2011年11月20日

潘国 11.25

三

这是2013年12月6日，家长收到了我的亲笔信后，写来的回信。

在我家的说话中，无论是大人或是孩子都会说到阿潘校长。与其说他是位校长，不如说更象是一位大家族的家长。我为孩子有这样一位尽心而有经验的家长感到荣幸。阿潘的教学理念和对孩子所做的点点滴滴，我们深深感受到了，都看在眼里，记在心上。作为校长他做到了让孩子喜欢学校的生活，并能让孩子在传说中的快乐的民办中学开心的生活，自觉快乐的学习，充分挖掘孩子的学习主动性。阿潘通过融入孩子的日常生活，了解青春期中孩子发育特点和心理状况从学校、老师和家长的协调沟通中，及时修正孩子学习生活中的偏差，朝着既定的目标前进。相信在"大家长"阿潘和我们小家长的密切配合和共同努力下，一个个独一无二的、优秀的"作品"，将在快乐的大家族中诞生。

另外，希望学校在今后能更多提供给我们一些相关的书籍或资料，或是心理方面的学习方面的。很期待哦

初一(三)班　斯皓涵家长：杨雯丽

2013年12月6日

四

这是2014年放寒假前，我给家长的信中，请家长回顾一年来培养孩子的成功事例时，家长的回信。

这学年在培养孩子方面做得比较有效，比较成功的是每周五晚上的睡前谈话节目。

周五孩子转一两趟公交车，到家快六点钟了，跟孩子一起吃饭，然后陪孩子看电视或玩电脑，接着就是睡前谈话：校园趣闻、明星八卦、天南海北……

这样对孩子在校情况基本有个了解，对孩子思想意识形态也有所及时把握，以便给孩子减压和正确指引，对孩子的思想品德、行为习惯、心理、学习、身心健康等都有益处，也起到很好的亲子效果。

孩子进入公益中学后，我最开心最欣慰的是——孩子没有变成学习的机器。

跟同样进入初中的其它学校孩子（亲戚、朋友的孩子）相比，感觉我女儿还是有着较多的闲暇时间和思考空间，孩子还能在课业完成之余，读读《红楼》、品品诗词，偶尔兴致来了还有时间写写诗，周末还有较多的时间可以陪着父母聊聊天。

初二（1）班 学生姓名（陈心宇）家长姓名（陈昌博

2014年2月1日

后　记

八年前，有位教育专家在看了我给家长写的一些亲笔信后，认为书信内容既充满教育智慧，又有很强的实践指导意义，而且形式独特，就建议我将亲笔信正式出版，让更多的家长受益。

因为我觉得出书需慎重，一旦出版，书中内容可能会影响许多人，所以迟迟未敢与出版社联系。经过这么多年的积淀和反复验证，家长普遍反映亲笔信中的观念是科学的、正确的，方法是实用的、有效的，语言是亲切的、中肯的，这样的家庭教育指导正是他们渴望的。时机成熟，于是我将倾注了我的心血与对学生浓浓的爱的亲笔信整理成书。

因为本书中收录的亲笔信时间跨度比较大，在这次整理过程中，我对部分信的内容进行了调整和补充，信的落款日期以修改时间为准。

因为我所面对的家长群体是动态的，书中不同信件里的一些观点、经典案例和具体做法，会有少量重复出现的情况。

感谢项红专副院长在百忙中为我作序，我这些年对亲笔信的坚守和个人的成长，都离不开他的鼓励；感谢陈琳老师为每一章节写了导语；感谢昔日学子王文捷、许访月提供了许多珍贵的图片；感谢领导、专家和家人对编写本书的关心和支持；感谢同事、家长、学生在编写本书过程中给予的配合和帮助。

本书附录中收录了一些优秀的文章向家长推荐，我和出版社工作人员与相关作品的作者进行了广泛联系，得到了他们的大力支持。对此，我们表示衷心感谢。但是，由于时间紧，仍有部分作者未能联系上。烦请这部分作者与我们联系，以便妥善处理选文及稿酬支付等问题。

由于时间和水平所限，书中不足之处在所难免，敬请各位谅解、批评指正。

潘志平

2014 年 3月 1 日

图书在版编目（CIP）数据

一位智慧校长给家长的50封亲笔信 ：引领家长和孩子一起成长 ：畅销升级版 / 潘志平著. -- 杭州 ：浙江教育出版社，2015.1（2023.5重印）
ISBN 978-7-5536-2711-3

Ⅰ. ①一… Ⅱ. ①潘… Ⅲ. ①学校教育－合作－家庭教育 Ⅳ. ①G459

中国版本图书馆CIP数据核字（2015）第022042号

责任编辑 孙露露　　**责任校对** 余理阳
封面设计 韩　波　　**责任印务** 陆　江

（畅销升级版）
一位智慧校长给家长的50封亲笔信
——引领家长和孩子一起成长
潘志平　著

出版发行 浙江教育出版社
（杭州市天目山路40号　电话：0571-85170300-80928）
图文制作 杭州兴邦电子印务有限公司
印　　刷 浙江新华数码印务有限公司
开　　本 710mm×1000mm　1/16
印　　张 24
插　　页 1
字　　数 250 000
版　　次 2015年1月第1版
印　　次 2023年5月第12次印刷
标准书号 ISBN 978-7-5536-2711-3
定　　价 63.80元
如发现印、装质量问题，请与承印厂联系。
电话：0571-85155604